2019 마음에 평안을 주는 시

2019
마음에 평안을 주는
시

문학박사 **지은경** 엮음

■ 발간사

詩와 아름다운 동행

현대인들은 편리한 기계문명 속에 살면서도 무엇 때문에 바쁜지 이웃도 가족도 외면하는 각자도생의 시대를 살아가고 있습니다. 결핍과 목마름에 지쳐 몸도 마음도 쉴 곳이 없을 때 우린 무엇엔가 위안을 받지 않고는 견딜 수 없는 깊은 외로움이라는 병을 앓게 됩니다.

개인의 이야기를 들어보면 평탄하게 산 사람은 한 사람도 없습니다. 부자나 권력자의 자비로워 보이는 얼굴 뒷면에도 고통과 수난의 세월이 있었습니다. 정의나 공정 평등 같은 단어는 영화나 드라마에서나 본 듯하고 현실과는 거리가 먼 것 같습니다. 이렇게 복잡하고 모순된 세상을 살아내기 위해서는 글쓰기나 독서가 생각과 시야를 넓혀주기도 합니다.

일본의 심리학자 오시마 노부요다는 "불쾌한 일을 당했을 때 짜증을 잘 내는 사람은 감정의 문제가 아니라 유전에서 비롯된다."고 합니다. 적당한 대처법으로는 "자기 스스로에게 집중하면 생각과 행동을 조절할 수 있다."고 합니다. 타인에게 내 마음이 휘둘리다 보면 나답게 살지 못하기 때문이겠지요. 세계사에 이름을 남긴 처칠도 우울증에 시달렸지만 자기 일에 매진하여 스스로를 세웠다고 합니다. 작은 목표를 세우고 달성하기 위해 일에 몰입하다 보면 세상이 주는 상처에 담담하게 대처할 수 있을 것입니다.

오래전 '쇼생크 탈출'을 본 적이 있습니다. 자유가 없는 감옥 안의 수감자들이 평소처럼 시키는 대로 일하고 있는데 갑자기 스피커에서 모차르트의 아리아가 울려 퍼집니다. 수감자들은 최면에 걸린 듯 음악에 빠져듭니다. 예술적 아름다운 경험이 움츠린 마음을 활짝 열게 한 것입니다.

아름다움을 싫어하는 사람이 있을까요? 아름다움을 향유하는 데는 목적이 없습니다. 아름다운 것은 가장 선한 것이라고 칸트는 말했습니다. 감동은 행복한 마음입니다. 기뻐하는 마음 안에는, 공감하는 마음 안에는, 사랑하는 마음 안에는 어린아이처럼 순수한 마음으로 돌아가게 합니다.

'마음의 평안을 주는 시'는 13년째 이어져 오고 있습니다. 이 책은 처음에 기독교, 불교. 천주교 등 종교 문인들에 의해 시작되었으나 지금은 종파를 초월해 많은 문인이 참여하여 전국 교도소와 일부 종합병원에 무료로 배포되고 있습니다.

아름다운 사회를 지향하여 이 행사에 참여해 주신 문인 선생님 여러분 고맙습니다.

2019년 만추의 계절 11월에
엮은이 지 은 경 (시인·문학박사)

차 례

책머리에

가영심 파스를 붙이며 · 14
김종상 가을 나뭇잎 · 16
이길원 베토벤의 포도주 · 18
구양근 예상이 빗나간 일 · 20
정소성 주파수 읽기 · 21
가　람 초독 · 22
강에리 비가 오는 날은 바다가 보고 싶다 · 24
구용수 사랑한다는 것은 · 26
권희자 나무의 울음 · 28
김관식 위로 · 30
김광옥 낮들의 낮잠 자기 · 32
김기원 백일홍아 나오너라 · 34
김다현 그 자리 · 36
김대식 시는 마음의 불꽃 · 38
김동애 삶의 힘 · 40
김명자 또 하루를 살아내며 · 42
김미성 가족관계 증명서 · 44
김미순 새들의 발소리 · 46
김미정 일상 · 48
김복희 소생 · 50
김상경 서 있던 나무 · 52
김승호 아름다운 꽃 · 54
김연하 행복한 동행 · 56
김용옥 동행 · 58
김용옥 (부산) 가을엽서 · 60
김은수 주름살 · 62

김은숙 구름이 하는 일·64
김재원 그리움은 파도를 타고·66
김정숙 연잎 사랑·68
김진중 늙음·70
김찬해 새 삶 여림·72
김태형 그대들이시여·74
김철교 폭풍우·76
김필곤 좋은 물·78
남민옥 목섬·80
남정우 그대였음에·82
노유섭 사랑의 쌀·84
노유정 루이지애나 다리·86
류한상 인류의 죄를 위하여·88
맹태영 개망초·90
박계자 단비·92
박민정 바람처럼 잠이 든다·94
박서현 움켜쥔 심장·96
박영애 달빛에 실어·98
박영원 밥·100
박용우 설악의 마지막 풍경·102
박원혜 자식·104
박은선 푸른연가·106
박일소 봉숭아꽃 물들이며·108
박　잎 금강에서·110
배병군 엄마의 집밥·112
배애희 수학여행·114

배정규 고리·116
배챨스 아스팔트·118
서근희 길·120
서기원 5월의 학 나래·122
서덕동 바다는 섬으로 산다·124
서영희 대상포진·126
서진송 채웠다 비운 술잔에·128
석정희 그런 사람·130
성정옥 지금이 참 좋습니다·132
성태진 연길 두레마 찾아서·134
손영란 이별·136
송경민 의미·138
송봉현 언덕 위 집 감상·140
송영기 늦가을 아침 마당·142
신미화 아버지·144
김창규 새마을 운동·146
신영옥 도산 길을 걸으며·147
신충훈 님의 귀환·148
심상옥 한 사람의 말·150
안기찬 기다리는 봄·152
안선희 송내역 카페·154
안예진 요양병원·156
어은숙 꽃샘바람·158
엄원용 꿈이라도 있어야·160
오광자 아픔이 없이 피는 꽃은 없다·162
오문옥 강변의 둥지·164

오선주 깨달음 · 166
오연복 사랑의 날갯짓 · 168
오호현 가을 때문에 · 170
우영식 무제 · 172
유중관 마음의 상처 · 174
유 형 원 · 176
윤혜정 미안합니다 · 178
이강흥 나의 행복론 · 180
이근우 도시락 사랑 · 182
이기영 봄날에 · 184
이난오 그리움의 형벌 · 186
이돈배 샛별 · 188
이명희 존재 · 190
이미옥 몽돌 · 192
이민숙 번지 없는 사랑 · 194
이범동 노년에 품위 있는 삶 · 196
이병두 국군수도병원(성남) · 198
이복자 소리 속의 나는 · 200
이석곡 갈참나무 숲에서 · 202
이성남 삼독 · 204
이영린 돼지와 여왕벌 · 206
이영순 인생의 길을 묻다 · 208
이영애 입원실 · 210
이인애 흰 눈 내린 새벽길 · 212
이자야 사랑 2 · 214
이정님 그녀와 함께 춤을 · 216

이정록 못말리는 사랑 · 218
이제우 동으로 가자 · 220
이종규 철새의 자유 · 222
이한현 겨울밤의 꿈 · 224
임애월 완행의 계절 · 226
임완근 AI 어린이 · 228
임하초 코스모스 · 230
장인수 아름다운 긍정 · 232
장해익 빨래 · 234
전　민 용서 · 236
전산우 친구 · 238
전영모 벤치 · 240
전정자 가을과 나는 · 242
전희종 나의 난초 · 244
정교현 개나리 타령 · 246
정근옥 어머님 나라로 부친 편지 · 248
정용원 압록강변의 그 아이 · 250
정일상 동백꽃 필 무렵 · 252
정재령 고등어 반찬 · 254
정지윤 벗이여 · 256
정창호 자유여신상 · 258
정희정 소나무 추사체 그리고 동양화 · 260
조대연 진실의 빛 · 262
임병진 고향생각 1 · 264
조병욱 너였으면 좋겠다 · 265
조성민 삼선암의 전설 · 266

지성해 오선지에 옮긴 시 · 268
지영자 가족 · 270
지은경 참이슬 찍어 처음처럼 쓰며 · 272
차학순 겁 · 274
채선엽 물새 한 마리 · 276
채수황 촛불 · 278
최동열 꽃잎 하나가 울고 있다 · 280
최상고 동해 · 282
최영희 일흔 즈음에 · 284
최윤희 옹이 · 286
최의숙 삶의 고뇌 부질없는 · 288
하옥이 야생화 · 290
하정열 삶의 배려 · 292
한범수 디아스포라 · 294
허만길 미루나무 젊음 · 296
홍성훈 먼지 · 298
홍윤표 시계바늘 · 300
홍중기 나들이 · 302
황옥례 고운 여인 · 304
황유성 선과 악 · 306

2019
마음에 평안을 주는
시

가영심

파스를 붙이며

온종일 결리던 어깨와 등에 파스를 붙여간다
말없음표로 서늘한 향기
서서히 온몸으로 퍼져간다

내 삶과 몸속의 뼈들이 매운 비명을 질러댄다
최루탄을 누가 쏘아대는지
온몸을 도는 독한 라일락 향기에
근육의 긴장이 서서히 풀린다

어느새 통증은 가라앉고
몰래 내 몸의 집을 빠져나간
서늘한 향기여.

1975년 〈시문학〉 천료 등단, 국제펜문학상·현대시협상·청하문학상대상 수상,
시집 『마음의 날개』 외, 한국문협자문위원, 여성문인회 이사 외.

누군가 옥탑방에 산다

허름한 층층계단 숨 가쁘게 올라선다
거기 아스라한 꼭대기 옥탑방
금방 추락할 것 같은 기다림의 창문이 흔들리고
가느단 빛살에 간신히 문 열어주던
먼지들의 날개도 보인다

좁은 옥탑방 안에 숨죽인 정적은 슬프다
세월의 집요한 고집스런 이름 하나와
깊디깊은 수렁 속에 빠진 욕망 하나와
머덜너덜 아픈 추억의 상처까지도 모두 슬프다
슬퍼서 백제가 되어간다

이카로스 날개가 녹아내린다
지금도 옥탑방 둥지 속에 들어앉아
꿈꾸는 기인 목을 가진 모딜리아니가 있다.

1975년 <시문학> 천료 등단, 국제펜문학상・현대시협상・청하문학상대상 수상,
시집 『마음의 날개』 외, 한국문협자문위원, 여성문인회 이사 외.

김종상

가을 나뭇잎

꽃 지고 열매 익으면
내 할 일 다 했다고
떨어지는 나뭇잎

몸이 쇠약해지는
할머니 할아버지도
가을 나뭇잎입니다.

가고 남고

세월은 가지만
세상은 그대로다

강은 흘러가도
산은 그냥 있다

부모는 떠나가도
나는 남아 있다.

'60년 서울신문신춘문예, 한국아동문학가협회 회장·국제펜 부이사장 역임

이길원

베토벤의 포도주
― 비엔나 그린찡 마을에서

이 골목 어디쯤일 게다

한 생애 그를 사랑하는
아니, 사랑할 여인조차 없던 베토벤이
달빛에 반사되는 피아노 소리를 줍던 길이
아마 이 골목 어디쯤일 게다

부서지는 달빛 모아
창문을 두드리는 베토벤에게
월광月光*을 선물하던 눈먼 소녀가 살던 집도
아마 이 골목 어디쯤게다

한번도 초대받지 못했던 소녀를 위한
베토벤의 피아노 소리와
터질 듯한 가슴을 풀어헤치던 소녀의 눈물도
아마 이 골목 어디쯤을 빠져나와
비엔나 숲속에 숨었을 게다

그 골목 베토벤이 살았다는 집에서
와인을 마시고 있다

다시는 만나지 못한 눈먼 소녀를 위하여
붉은 머리칼 베토벤이

비듬처럼 '로망스 F'*를 떨구던 탁자 어디쯤에서
눈물 같은 포도주에 젖어,

* 비엔나 외각 조그만 마을 베토벤이 살던 집에서는 관광객을 위하여 '베토벤 와인'이라는 포도주를 팔고 있었다. 『월광』은 Piono Sonoto 'Moon Light', 『로망스 제2번 F장조』는 베토벤 바이올린 곡으로 『월광』의 악상을 준 눈먼 소녀를 생각하며 작곡했다는 설이 있다.

연세대 졸. 《시문학》 등단. 국제펜문학한국본부 명예이사장. 대한민국문화예술상·서울시문화상·윤동주문학상 등 수상. 시집 『하회탈 자화상』 외.

구양근

예상이 빗나간 일

진짜인 줄 알았다가
가짜라는 것을 알면
실망이 커요
가짜인 줄 알았다가
진짜인 줄 알면
기쁨이 커요

진짜와 가짜는
처음에는 잘 몰라요
그러나 조금만 머리를 굴려보면
구별이 그다지 어려운 일도 아니예요

진짜와 가짜를 구분하는 것은
생사를 가늠할 때도 있어요
그런데 가끔은
진짜인 줄 알았는데 가짜였고
가짜인 줄 알았는데 진짜였어요

그러나 그것은 요행이어요
그때 수렁에 빠지지 않은 것이
다행이었지요
지금 생각해 보면 사리사리한 일이 많아요

소설가·수필가, 성신여대 중문학과 교수 및 총장, 대만 대사 역임, 김민중문학상 수상 외, 장편소설 『안개군함』 외, 수필집 다수.

정소성

주파수 읽기

당신의 무릎 위에서
나의 입술이 떨고 있어요

열정일까 광기일까
생각이 고통스러워할 때

사랑이 입덧하며
장미를 낳고 있었어요

우린 포옹이란 말을 생각하다가
포옹하고 말았어요

녹슬고 헐거워진 일상들이
불덩이 속에서 부활하고 있어요

경북 봉화生, 소설가, 서울대 불문학과, 프랑스초청 그르노블대학에서 박사, 단국대학교 교수 정년퇴임.

가 람

초독

치악산 산너울에 가면
맨탕 무위도식하는 게으름
그냥 하루종일 산수화 몇 폭
자연과 함께 멍 때리는 삶의 바라기가 된다

바쁜 일상들이 내게 주는 의미는 무엇일까
생존의 연장을 위한 갈구인가
실존의 기쁨을 위한 평온
자연에 내맡긴 가질 것 하나 없는 평안
대저, 필요한 게 무엇일까

고즈넉한 적막의 운을 깨우기 위해
나긋나긋한 음악을 튼다
내 속에서 나를 성찰하는 시간
몇 시간 동안 장르를 바꿔가며 음악은 저홀로 흐르고
한잔의 곡차를 기울이며
음악에 스스로를 맡기고 시간을 지우는 시간

아무것도 하지 않는 채
물 흘러 또르락 거리는 소리
바로 앞 나뭇가지에 앉아 지저귀는 새의 노랫소리가
나의 존재감을 알려 줄 뿐
누구 하나 귀찮게 하는 사람이 없어라

낙원이 무엇이고 무슨 소용이랴
한잔 술에 같이 취하는 음악이 있고
자연이 안아 주는 포근함
아무 일도 하지 않는 자유로움
게으른 성찰이 친구가 되어 잔을 건네고 있네

한국문인협회, 한국현대시인협회, 국제펜클럽 회원, 한국현대시인협회 작품상, 매월당 문학상, WCP 세계문학상 외

강애리

비가 오는 날은 바다가 보고 싶다

비가 오는 날은
바다가 보고 싶다
바다를 좋아하는
네가 보고 싶다

한 번도 너와 함께
바다에 가본 적 없지만
바다에 가면
늘 네 생각이 난다

네가 자주 가는 바다와
내가 찾는 바다는 다르지만
어느 심연에선 두 물이 만나
서로를 휘감아 흐르겠지

오늘처럼 비가 오는 날은
바다가 보고 싶다
심연 어디쯤 네 눈물이 흐르는
바다에 가고 싶다.

칡

변변한 다리 없어 스스로 서지 못해
넝쿨을 뻗어 내어 이웃을 휘감누나
아픔이 뿌리 내리고 여름 숲을 헤매네

나무의 목을 죄며 악쓰며 올라간다
앞뒤가 다른 잎새 쭉 펼쳐 양분 얻고
한밤에 삼킨 눈물은 줄기 타고 흐르네

온산을 뒤덮고도 땅 한 평 소유 못해
커다란 잎사귀로 서러운 몸 가리고
아무도 반기지 않는 식객처럼 머무네

한겨울 숲 속에서 농부가 칡을 캔다
한으로 뭉친 뿌리 인간의 약이 되네
뉘라서 너의 원죄에 돌을 던져 물으랴

시인, 칼럼니스트, 한국국보문인협회・아태문인협회 이사, 한국가곡작사가협회 회원.
시집 『단 하나의 꿈』

구용수

사랑한다는 것은

누군가를
사랑한다는 것은
사랑한 만큼
자기 영토를 넓히는 일이다.

사랑은
또 하나의 사랑을 낳고
사랑으로 마주치는 세상은
정갈한 영혼이어라.

비가 쏟아질 때
비를 가려주는 우산처럼
사랑은 삶의 허무를 채워주는 술잔.

사랑한다는 것은
자기의 가슴을 통해
우주를 포옹하는 일이다.
피는 영원으로 통하고
사랑은 정겨운 핏줄이므로.

나눔

이제까지 받은 은혜
산더미 같으니
그중에 일부라도
서로 나누자

웃음도 나누고
사랑도 나누고
서로서로 사랑을 나누면
사랑은 배가 되고
서로서로 웃음을 나누면
행복은 배로 는다

꽉 찬 창고 비우면
새로운 보물 찾아들고
나눌 것이 있는 세상
온통 웃음으로 가득하네
사랑 넘치는 세상
천국이 바로 여기이네.

조선대학교 교육대학원 석사, 한국문인협회·한국신문예문학회·아태문협 자문위원,
시집 『사랑이 꽃처럼 눈 뜨는 시간에』 외

권희자

나무의 울음

바람에 감기는
나무의 울음소릴 들었다
겨울밤 알몸으로 우는 소릴 들었다

괴로워 우는 건 나무만이 아니었다
노점에서 닭꼬치와 떡볶이를 팔며
비닐을 몸에 두른 채
추워 우는 여자도 있다

나무는 사는 것이 모두
눈물임을 알고 있다
봄이 오면 눈물로 싹을 틔울 줄도 안다

인동초

아파트 벽을 기어올랐다
태풍이 몰아치는 세상
지지대를 감고
하늘 향해 올랐다

벌레약을 친 날
가지들이 벼랑 아래로 새파랗게 벋더니
흰꽃들이 향기피우는 새벽
철사지지대를 간신히 잡고 있는
인동초넝쿨

검은 점퍼에
우유팩을 든 남자
목회 생활 10년째
교회벼랑
종탑위에 하늘빛이 어리어있다고
우유 배달하며 살아가는 우리 목사님

(사)한국현대시인협회 이사, 자유문학회원, 시집 『봄빛소리로 우는 새』 외 다수

김관식

위로

위로 오르기
힘들지?

내려다 봐
아래가 있잖아

쳐다보다
목 아프면

가끔
고개 숙여
내려다 볼 줄도
알아야 해

까치

까치는
과수원
잘 익은 과일
척 보고

가을
먼저
맞아들인 과일
척 보고

콕콕콕
깍깍깍
까발린다

'76년 전남일보신춘문예 평론으로 등단, 동시집 『토끼 발자국』 외 13권.

김광옥

낫들의 낮잠 자기

낫 놓고 ㄱ자를 모른다는 말은
이미 사라진 전설이다

미명未明의 바람을 가르며
우리의 얼굴을 씻는
농부의
빛나던 얼굴을

우리의 손길에 떨며
쓰러지던
벼들의 기쁨을

골짜기를 돌아 메아리치던
꼴 베는
목동의 노래를

해 저문 빈 들판
가득 차던
포만의 웃음을

잊어버리자고
청명한 가을 하늘을
이불삼아 낮잠을 잔다

선물 · 1

세월로도 펠 수 없는
마음이 있다

바다 건너 비행기 타고 온
옥돔 한 두름
아끼고 아끼다가
그예 한 마리 냉동실에 넣어 둔 채
꽃 보듯 두고 보았더니
홀연히 어느 날 밤 살아나와
나의 잠을 빼앗는다

한국문인협회·현대시인협회 회원,
시집 『협궤열차』 『바람의 불꽃놀이』 『바람을 잡고』 외

김기원

백일홍아 나오너라

아, 나오너라.
남강의 칼바람
강낭콩보다 더 진한 분노
백일홍보다 당당한 소나무

핏발 서렸던 눈빛의 아침
난 이 현실이 꿈이기를
푸른 초원으로 큰 소리로
햇별 광장에 모두 나오너라

내가 날카로운 칼이 되어
세상을 베고자 할 때
진한 백일홍 꽃처럼
개똥 쑥 들꽃 모두 나와라

저 빛 위해 나와라 나오너라.
남기고 싶은 마음 광장을 채워
계절 바뀔수록 다른 녹차 맛
아리랑 노래는 숨 깊어진다.

작설이었으면 좋아

남강 변에 푸른 갈대 바람
10월을 맞을 짙은 다향
바람이 매달아 놓은 남강
촉석루 눈앞에 모두 사는구나.

짝설 밭으로 부는 대나무 숲
햇볕을 응수하는 석벽 이름들
차 마시고 술 마셨던 영웅
너였다고 생각한다.

빨간 백일홍의 맹렬한 바람
오죽대나무 검은 몸체의 정렬
거룩한 의암 논개의 분노여
작설향기 속까지 너를 생각한다

시·시조·수필가, 경남과기대 명예교수, 세계재능나눔봉사 대상 문화관광부장관상,
시집 『나 차밭에 있네』 외 7권

김다현

그 자리

저 산은
늘 그 자리
삼라만상 허공계가
두루 펼쳐진 터일진대

인생사 모두 머묾이 없거늘
어리석은 세상 사람들
어드메 헤매다
허송세월 나부끼는가

구름같이 바람같이
물결 따라 흐르는
그 자리
새옹지마라

한숨 고르고 보니
일장춘몽일세
여보시게
한바탕 춤사위 펴게나

연화의 삶

어둠이 지나간
총총걸음 발자국
내 인생의 그림자
내가 밟고 가야 할 길입니다

일희일비 유혹에 빠져
덧칠해지는 오늘
엉엉 울다 녹슨 마음
씻어 내립니다
별이 된 그리움
고뇌가 사리되듯
내일의 해탈로 다가섬을
어찌 모르오리까

연화여
허공을 응시하듯
호젓하라
잿빛 삶도 내 안의 속살로
삼을지니

국보문학전국시낭송대회 금상. 제26호 동인문집 내마음의 숲편집위원. 한국현대시인협회 회원. 사)한국국보문인협회 회원.

김대식

시는 마음의 불꽃

시는 마음의 불꽃이고
수사학은 눈송이다
시든 꽃도 퇴고하면
나비가 찾아올까
꽃처럼 잎술을 떨구면
밀려온 포말도 멈출 것 같다

애인은 꽃을 말아
나의 구석에서 담배를 피우고
나는 애인의 구석에서
조화처럼 울었다

저녁 내내 걸어온 길이
점의 반지름뿐이라면
우리의 둘레는
밤의 한참을 모르고 있다

검은 반점의 나비가
점 위에 앉았다
마침을 위해 날개를 접는다

나비는 무덤을 가져본 적이 없다
나와 애인은 하얀 침대 위에선 선량하다

검은 나비 끌어당겨
부끄러운 애인의 가슴을 덮어준다
그것은 나의 마지막 환한 영역

짧은 문장을 증명하는
몸짓이 깊은 밤이었다가
다시 넘쳐 어느새 검은 보

한국문협회원. 대한민국시문학연구협회 부회장, 강릉시장문학상, 부산시장문학상,
시집 『바라만 보아도 아름다운 당신』 외

김동애

삶의 힘

세상 바다에 배를 띄워
사공은 노를 저어가네.
바다는 항상 하늘을
머리에 이고
그 마음 안에 살고 있다네.
배와 노는 삶의 방편
그 속엔 형형색색炎炎色色
어떤 땐 꽃처럼 예뻐서
눈길을 잡고
맑은 소리와 향기로 해여 나지 못할 때
예고 없이 찾아온 폭풍우
폭군이 된 바다
풍랑에 배는 몹시 흔들려
노를 힘껏 잡은 사공
오직 삶의 지주가 되어
사투에서 힘이 생기네.
그 힘은
쓰면 쓸수록 키가 크는 법
그제야 바람도 숨을 재우네.

새벽 기도

삼배적삼 속으로
가슬가슬 스미어 들어오는 바람
스르르 눈 감기는 새벽 달빛처럼
살갗을 움츠리게 하네.

풀 망초 꽃 달빛 품어
새벽길 밝히는데
속절없이 흘려보낸
세월만큼 만들어진 業업 덩이가
누르는 무게로
무릎 꿇어 합장하게 하네.

관음보살 미소 속에 흠뻑 젖어
흔들린 마음이 고요 속에 팽팽한데

쌓이고 쌓인 백팔 배에 삭아진 무릎은
인욕 정진으로 묻어 두어도
언제 이 사바세계에
백련화 한그루 피워내려나

시인·화가. 숙명여대 영문과 졸업. 중학교 교사 역임. 한국문협 군포문협·청강문
협회 회원. 시집 『고요가 머문 자리』 외 다수

김명자

또 하루를 살아내며

오늘도 나는
번뜩이는 수백 수천 개의 눈동자 앞에서
살아내고자 숨을 헐떡이며 절규를 한다

거꾸로, 거꾸로 가고 있는 시간 수레에
허망한 마음 걸쳐 두고
나 홀로 폭포수 아래 서 있다
나는 지금까지
누구를 위해 무엇을 위하여 살아왔는가

눈길 한번 돌리지 않고
남에게 돌팔매질 한번 하지 않고
오로지 정도正道를 고집하며
최선을 다해 뛰어 왔건만
내가 건너고자 한 다리는
다시 더 먼 곳으로 솟구쳐 올라가 버렸다

고운 정 담뿍 든 옛사람들은 모두 어디로 가고
낯선 사람, 서툰 시간들이
무시무시하게 달려드는 꿈인 것 같은 현실에서
거꾸로 오르는 폭포수를 보며
기막힌 한을 토해 본다

맑은 물이 모두 썩어
물고기 한 마리 자라지 못하고
늘 나의 앞을 밝혀 주던 해님과 바람은
자만치 뒤에서 머뭇거리고 있다
삶과 죽음이 뒤엉킨 이 시공간에서
오늘도 나는
살아내기 위해 발버둥을 친다

현대시협 회원. 아태문인협회 부이사장.신문예 부회장. 한국문협 제천지부 부회장. 현)제천시 남현동장. 월파문학상 외 수상. 시집 『행복한 사람』 외

김미성

가족관계 증명서

내 시린 기억 속에
너는 눈처럼 날려
내게로 왔다

우리가 만나지 않았더라면
서로의 정해진 길로 갔더라면
먼 발치에서 바라볼 수만 있었다면
너를 운명에 맡기지 않아도 될 만큼
보내지 않아도 될 만큼

꼬옥 그만큼의 거리에서
너를 지켜 볼 수 있었을 텐데
모든 게 사람의 욕심이라고
너를 사랑한 것도 죄라서
너를 가족이라는 이력에 가두었다

소유할 수 없었던
그리고 소유하고 싶었던 너를
종이 한 장에 남겼다

의미

하늘에 무수한 별들이
아름답게 빛난다 할지라도
내 것 아닌 다음에야 무슨 소용 있으리

내 것이라 지칭하고 품을 수 있을 때
깊이 빛나고 소중히 느껴지리다

매일 보는 꽃 일지라도
집안과 밖의 꽃이 똑같이는 않으리

사랑의 눈으로 보듬고
가꿀 때만이 귀하고 아름다운 것이리라

강원도 원주生, 한국방송통신대 국어국문과 졸업
한국문협 회원, (사)한국다선예술인협회 운영위원

김미순

새들의 발소리

한 사람이 보고 싶어 뛰어가던 그 발소리
쟁쟁쟁, 온 산이 숨이 찬다

꽃을 떨구듯 내려놓았던 하늘 모서리 어디쯤
늘 너를 향하던 발목 삐걱이던 한 발짝들의 아픔
오늘, 새의 날개 끝 바람을 접으며 날아오르네

슬픔을 닦는다

 외로움의 머리 위로 가득 떠 있는 푸른 별을 닦는다
 얇아진 등 뒤에서 묵묵히 동행했던 낮달도 꺼내어 닦아주고
 허기진 핏줄 뜨끈하게 익혀 주던 갈비집 붉은 숯불의 땀도 닦아준다
 무리 지어 피어나던 꽃들의 함성과 먼저 핀 꽃들의 숙인 기억도 닦아준다

 아침마다 현관에 쪼그리고 앉아 신발에 매달린 어제를 닦아낸다

미,루이지에나 침례 대학교 대학원 철학박사(Ph.D). 개인전 48회. 동보미술강좌 전임교수. 저서 『바람, 침묵의 감각』

김미정

일상

눈을 뜨면
은빛 파도를 차고 오르는 물새
그 싱싱한 나래짓으로
종일을 파닥이고

밤이면 헐거운 둥우리 속
비젖은 깃털을 터는 몸짓으로
여윈 행복을 확인하네

산다는 일은,
끝없이 채우며 비워가는 일
잊었던 상흔에 새 살이 돋으면
새로운 상처가 자릴 잡고

덜 상처받기 위해
덜 욕망하는 지혜의 등을 밝힐 즈음
꺼져가는 이승의 불씨
안타까이 타오르는 회한의 불꽃

다하지 못한 삶에의 사랑들이
밤하늘 별처럼 시리움에 떠는 외롬만
텅 빈 두 손을 채우노니

목숨은 아픔이어라
사랑은 아픔 위에 피는 목숨의 꽃이어라
그래도 무성한 수풀 사이
반딧불처럼 누비며 사랑하지 않을 수 없는 나날들

이 속에 인간은 꿈을 깁고 또 깁는
꿈의 신기료 장수
움켜쥔 주먹 사이 사이
모래알로 빠져 달아나는 일상, 일상아

중고등학교 교사 역임. 한국신문예문학회 편집장, 아태문협 지도위원
수필집 『안개바람』 외 다수.

김복희

소생蘇生

들깨가 약한 줄 알았는데
유월 가뭄에 씨를 뿌려도
새싹들이 어깨동무하며
똘망똘망 나왔다

방울방울 맺히는
이슬을 받아 겨우 삼키며
세상 문을 여느라
얼마나 애를 태웠을까

칠흑 같은 어둠에서 손을 잡고
위태로운 신음소리 들으며
온몸을 밀어올린 기특함
목숨의 무늬를 수놓았다

속 쓰림

겉으로는 괜찮다 하면서
속은 왜 절망의 나락으로 빠지는 것일까

사람과 사람 사이에서
서로 맺은 관계가 금이 가고
상처가 곪아 가면
깊은 우울에서 영영 헤어나지 못하는데

한세상 살면서 변하지 않을 수는 없지만
찰라의 불선으로 따라잡지 못하는 의지
바람 앞에 등불이 되어
쓰린 속을 다소곳이 어루만진다

한국문협 · 한국현대시협 회원, 김포문협 이사 한국육필문학회 감사. 동화구연지도자.
시집 『바람을 품은 숲』 외.

김상경

서 있던 나무

제 것을 아버지
그 아버지부터
내게 먹이고
내 아들까지 먹이려
저리 등걸 두터이 껴입고 서 있는 것이다

제 귀한 것을 주고
목숨을 천명처럼 지키고 있는 속내

감을 물고
가신 분을 생각한다

잔가지를 쳐줘야
내년이 실한 법이란다
때론
거름, 약도 쳐야 하지만

그중 날빛이 제일이지
빠알간 감, 한입 굴리는데
주름 속을 훤하게 하면서
빛으로 죽는다

덕분에 키가 자라고
오래된 그 나무
올해도 그 자리
서 있을 터이고

내년 명년 그 후일도
씨알 몇
푸른 가지 숨 틔워 내겠다

전)양천문인협회장. 현)경찰문학회 부회장.
시집 「고요한 것이 수상하다」

김승호

아름다운 꽃

너로 인해 내 안에
꽃이 피었어

그 꽃이 언제나 피어있는
내 가슴에
오늘도 정성껏 사랑의 물을 붓고
소망과 꿈을 키워

네 안에도 그 꽃이 피어나기를 바래

장어 같은 사람

음식도 몸에 맞는 게 있다

민물에서 살아가는
힘 좋은 놈 맛도 영양도 최고

그래서인가
내게는 그대가 최고의 영양분이다.

각도 의식도 대화도
잘 통하는 고운사람
잘 맞는 음식 같은 그대

시인·수필가, 한국문협·국제PEN 회원, (사)한국다선예술인협회 회장, 다선문학 발행인, 청암문학 자문위원.

김연하

행복한 동행

인생을 함께 걸어갈
친절하고 성실한 친구가 있는 건
참으로 즐겁고 기쁜 일이네

힘들 때 서로 기댈 수 있고
아플 때에는 고통을 함께 나누며
도움 주는 건 참 좋은 일이네

사랑은 홀로 할 수 없듯이
아무리 좋은 여행이라도 홀로하면
쓸쓸하여 무슨 재미있겠는가

서로 섬길 줄 알고 겸손하며
삶 속에 아픔을 감싸주는 동행은
참으로 기쁘고 행복한 일이네.

눈물의 바다
- 이산가족 상봉

며칠 후 만나자고 약속하고
금방 다녀오마 헤어졌는데
그리워하다가 육십팔 년 만에 만나
한숨 걷어내며 마주한 노부부

피맺혀 한스러웠던 지난 세월
세상 떠나기 전에 꿰어 맞추어 보려고
고민하다가 타고 남은 가슴
부둥켜안고 눈물 지새우네

애끓는 절규絶叫를 담아
날이면 날마다 간절한 염원으로
잠시 만나 회포 풀고 헤어지려니
살아생전 언제 우리가 다시 만날까.

중앙대학교 국제경영대학원. 한국가곡작사가협회 이사
시집 : 『깨어나는 산』 외 다수. 노래시집:『그리운 얼굴』 외

김용옥

동행

아프다고 말, 하지 마라
내가 진 십자가는
남에게는 돌팔매질거리일 뿐
아무런 죄를 저지르지 않았어도
아픔을 발설하면 몹쓸 죄인이 되더라

어떤 사람도 남의 아픔에
치유자가 아니라 비난자가 되나니
무겁다고 아프다고 힘겹다고 말,
하지 마라

견디는 것이 가장 좋은 사는 법,
세상살이 고난과 아픔은
삶의 꽃짐이더라

정이나 네가 아프고 힘이 들면
내 등에 꽃짐이 되어라

관념의 상식

살아야 하는 이유는 그래요, 소망이 있어서여요
열정이 있어서여요 두려움은 아무것도 아니어요
생명력의 지수화풍이 있잖아요

그걸 가두고 나누고 끼리끼리 고정관념화하는
직선과 회색의 단절 그 길, 아무것도 아니어요
나는 나만큼 살고 우리는 우리처럼 살아야 해요
그게 살아야 하는 이유여요

중앙대영문학과 졸업. 한국현대시인협회 부이사장. 한국신문예문학회지도위원.시집 『누구의밥숟가락이냐』 수필집 『틈』 외 다수

김용옥(부산)

가을엽서

서리내린
저문들녘
빈들판에마른잎새타오르는연기
그누가부르는가
이별을곡조하는휘파람소리

가을이다갔음을알린다

이슥한들길
허수아비하나외롭게염불을치고있다

그곳에도들리느냐
시도못되는
어설픈미완의작품을싸들고
가을을싣고가는달구지소리가

들꽃

있으나 마나
그래도
피고 지네

가장 서러운 이름
앉은뱅이꽃 코딱지꽃 개망초꽃 같은 이름으로
누가 보거나 말거나
피고 지네

들길 아무데서나
끊어질 듯 끊어질 듯
서럽게
피고 지네

1987년 시와의식으로 등단.
시집 『광안리에 와서』 『바다 쪽에서 바람이 분다』 『춘양역에서』

김은수

주름살

주검의 계곡인가
세월의 낙인인가

가다가 쉬어가라고
뛰다가 멈춰도 보라고
줄을 친다. 걸려서 넘어지라고

아들이 걸고
손주가 걸고

굴렁쇠에 매단 반짝이처럼
가다가 풀리는 작은 매듭

그래서 가다가
훌쩍 바람 타고 사라지는 줄.

살아 있음에

늦은 저녁 그네를 탄다.

별도 달도
개구리, 소쩍새 휘파람새도

온몸으로 용을 쓰면
바람이 인다

이 한밤 모두가 바람을 내며
용쓰고 있다.

살아 있음에
모두들 그네를 탄다.

의성 출생, 2003년 시사문단 등단, 문협의성지회장, 『모래꽃의 꿈』『하늘 연못』『염화 미소』『발바닥 지도』

김은숙

구름이 하는 일

자다 깨다
앉았다 일어났다
어슬렁어슬렁 다가가
얼굴 한 번 들여다보고

그대 눈길 발길 따라가
내 속마음
주욱 펼쳐 두었다가
금새
거두어들이기도 하는

꽃 되고 나무 되고
빗줄기 되었다가
그리고 어느 날은
아무것도 아닌 것이
되기도 하는

모두가 나의 일
구름의 일
그대에게 닿아 있지만
그대는 모르는

나만의 일

흐르는 것들은

가두어도
문을 닫아도
새어 나가 무엇에든
닿는다

파도라든가
냄새라든가
달빛이나 별빛
바람 같은 것

닫힌 마음 빗장 틈새로
너의 마음은 흘러와
내게 무엇이 되었다

강가를 떠돌던 바람
풀잎을 만나
작은 들꽃 되듯이

인천초등학교 재직중, 샘터문학 등단, 아태문협 지도위원, 한국신문예문학회 윤리위원

김재원

그리움은 파도를 타고

어둠을 재촉하는 바람은 노을을
뒤로한 채 밀물 썰물에 방향 잃고

비라도 내릴듯한 잿빛 하늘은
바다를 검게 만들어 숨을 조인다

쏴 아아 쫘악~ 바다를 토해내는
슬픈 그리움은 아직도 심연에 있나

바람은 파도를 앞세워 허기보다
더 지친 삶을 가을바람에 태우고

지평선 끝에 서성이는 물결들의
비린내까지도 감싸 안는다

저 멀리서 고깃배들의 반짝이는
불빛들 풍요속에 행복을 기대한다

가을 예찬

철없던 뙤약볕은 가을
에게 모든 걸 내주었다

풍요로운 사랑 열매는
아름다운 오색빛 물든다

나뭇잎에 걸쳐진 노을은
코스모스 뺨에 입 맞추고

지켜보던 배롱나무는
선선한 바람에 윙크한다

산기슭에 걸친 모락모락
기와집 굴뚝은 산에 토하고

어둠 내려 고단했던 삶은
귀뚜라미 자장가 토닥토닥

달빛 창가에 걸린 가로등도
가을바람소리에 새벽을 부른다

사)문학愛 홍보국장. 한국가곡작사가협회 회원.
아태문인협회 지도위원. 한국신문예문학회 윤리위원

김정숙

연잎 사랑

그대 넓은 품
하늘을 향한 고운 몸짓
작은 물방울
그대 품에 안기면 하늘빛 보석
소나기 내려
그대 적시면
세상은 온통 금방울 은방울
겹겹이 아름다운 꽃
잠자리 한 마리
그대 품에 안기면
가을빛 찾아오고
계절은 말없이 흐르는데
그대는 사랑이어라
그대 비록 진흙 속에서 태어났어도
그대는 세상의 희망이어라
그대 꿈 내 꿈이어라

성탄절 아침에

이 아침
나는 기적을 만나러 간다
신이 사람이 되는
기적을 만나러 간다
그 사람을 아니
온 세상을 창조하시고
전능하신 신을 만나러 가는 길
벅차오르는 가슴
두근거리는 마음
설레는 발걸음
자기 백성을 죄에서 구원하실 분
그분을 만나러 가는 길
바로 그분을 만난 것
내 사랑
내 님
고맙습니다
사랑합니다
아주 많이요

전남 여수 출생. 조선대 졸업. 아태문협 이사. 한국신문예문학회 지도위원. 탐미문학상 수상. 어린이집 원장.

김진중

늙음

늙음은 늙수그레 낡은 것을 좋아한다
세상에서 늙지않는 게 어디 있으랴
살아생전에 우리 어머니
나락 가마니 여럿과 바꾼 신진 재봉틀
다 늙어버렸다
면서기 울아부지 서너 달 치 월급주고 산
새 호마이카 단스 장롱도 다 늙어버렸다
늙어서 아름답지 않은 것이 어디 있으랴
낮달도 늙고 밤별도 늙어, 다 늙어 가는데

서른세 해 내 어머니

어머니 제사상에
새 시집 한 권
'개코나 말코나'

꽃가마 풀각시꿈
서른세 해라
'개코나 말코나'

김칫독 서른셋에
아들 다섯에
마흔아홉 삶도

꽃상여 베옷 한 벌
서른세 해라
'개코나 말코나'

한국민조시협 명예회장. 한국문협서대문지부 회장, 국제펜한국본부·한국현대시협
이사. 한국문인협회 민조시 분과회장

김찬해

새 삶 여림余林

한 몸에 받는 햇살이 강열하다
눈 뜰 수 없을 만큼 새로운 기운
다시 태어나는 축복임이다

人이 태어나 사후까지 갖는 것 이름이다
개인의 운명이고 얼굴이라
그 주요함 새삼 말해 무엇하리

한 세기의 반을 지나 예순 길목 귀한 분께
아호雅號를 받음은 변화고 남은 삶에 인도引導이니
그 뜻 가슴 열어 깊은 의미 곱씹어 본다

말년의 기쁨과 보람 영광이나
호사담화 언행일치 겸손 깊은 뜻 잘 새겨
주변 아우르는 좋은 숲 가꿈에 정진함이다

여림余林은 홀로 숲은 이루지 못함이지만
주변을 아우르면 좋은 숲이 될 수 있음을
지게와 지겟작대기의 화합 교훈에서 찾는다.

공구들의 아침

망치야 안녕!
드라이버야 안녕!
우리 일찍 만났네
모두 작업 전 아침 인사다

망치야, 너 어디서 잤니?
공구함 집이지
드라이버 너는?
난 가죽집에서
빼찌 넌 주인님이 챙기지 않아
땅바닥에서 많이 추웠겠다. 감기는 들지 않았니?
컨디션이 좋지 않아 일할 수 있을는지 몰라
그래서 집 나가면 고생이야

어이 망치형, 조심해서 두들겨요
안전이 최고예요

우리의 안전은 누가 챙겨주지요?
빼찌야, 당연 주인님이지
와 우리 주인님 최고

경북 문경 출생. 전)동화약품 근무. 현)동부인천스틸 재직 중. 다물민족연구소 다물운동본부, 한국신문예문학회 지도위원.

김철교

폭풍우
― 코코슈카 〈바람의 신부〉

사랑은 폭풍우로 오고 있다
아무리 허우적댄들
붙잡을 것 하나 없는
짙푸른 소용돌이
나무도 꽃도 모두 뿌리째
깊은 상처를 입고
앙상한 벌거숭이

폭풍우 지난 후
잔잔해진 자리에는
온갖 쓰레기 가득해도
다시 꽃을 심고 나무를 심으면
옥토가 될 그곳
더욱 화려한 그림을 그릴 수 있으리

아무리 짧은 순간이래도
어둑한 격정 속에
언뜻 스쳐가는
날카로운 그 무엇을
찾을 수만 있다면
유토피아의 불빛을
천상의 화음을
붙들 수 있으리

아, 아,
저 깊은 소용돌이 속으로
가라앉아
조개 속으로 파고들어
빨간 아주 빨간 진주 알갱이의
싹을 틔워야지
언젠가 누군가를 위해
아주 아주 작은
노랗고 단단한

씨앗이 되어야지

시인 평론가 화가 서울대 영어교육과 졸업. 중앙대 문학박사. 배재대학교 경영대학장. 배재대학교 명예교수. 시집 『사랑을 체납한 환쟁이』 외 평론집 다수

김태형

그대들이시여
- 조선왕조실록을 읽고

서기 1392년 이성계가 세운 조선왕조 오백년
어진 임금, 무능한 임금, 악독한 임금 모두 27명
동인 서인, 척화 주화 얽히고 설키어 다투는 동안
힘겹게 나라를 지켜온 굳건한 우리 조상들

반 천년의 세월
지혜로운 재상, 용맹한 장수 많았건만
임진왜란 병자호란 막지 못한 통한
가난과 멸시에 짓눌린 백성, 전란에 마저 휘말리며

슬픔과 분노의 애환은 궁궐 안팎이 다르지 않아
사약도 받아야 했던 비운의 왕손들

3세에 글을 깨우치고 15세에 청룡언월도를 휘두르던
왕세자 이선,
아내 혜경궁과 아들 정조에게 깊은 한을 남긴
그의 이름은 사도세자(思悼世子)!
사도는 슬픔을 생각한다는 뜻이라네요

농민들이시여
천민들이시여
노비들이시여
환향녀들이시여

의적들이시여

어젯밤, 책장마다 눈물 떨군 조선왕조실록
이제는 사무치게 그리운
나의 선조들이시여!

사도는 슬픔을, 슬픔을 생각한다는 뜻이라네요

김필곤

좋은 물

벌은 향기 따라 꽃을 찾지만
물고기는 향기 없어도
물을 떠나지 않습니다.
물은 맨살로 흘러도 추하지 않고
비가 내려도 비에 젖지 않습니다.

높은 곳이 좋다하여도
거꾸로 흐르지 않고
오물이 있어도 낮은 곳으로
흘러 품고 갑니다.

급해도 앞을 다투며
산을 건너지 않고
막히면 트는 대로 돌아가며
목마른 쪽으로 흐릅니다.

좋은 물은 향기 없지만
어머니가 됩니다.

좋은 물은 향기가 없습니다.

소원

아이처럼 어디에서 만나든 속셈 없이
함께 웃고 함께 울었으면 좋겠습니다.

웃을 때 빠진 이 가리지 않고
울 때 지어낸 슬픔
만들지 않았으면 좋겠습니다.

말이 어눌해 잘 전달하지 못해도
만든 오해로 이별하지 않고
그저 같이 있었으면 좋겠습니다.

조금 손해 보아도 다시 만나고
다투어도 한 품지 않으며
같이 노래 불렀으면 좋겠습니다.

어찌할 수 없으면 몰라도
그저 나이 들어도
아이처럼 살았으면 좋겠습니다.

전북 정읍 生. 시인. 총신대학 졸. 리폼드신학대학원 박사과정. 신문예문학상 수상.
대한예수교장로회 열린교회 담임목사. 시집 『새벽을 여는 소리』

남민옥

목섬

바다가 집이지만
물이 그리워 물을 바라보며 산다
바다에도 길이 있어
하루에 한 번 흰 목떼미 드러날 때마다
언제나 발보다 마음이 먼저 문을 연다
썰물에 굳은 발바닥까지 드러난다
바위틈에 붙어있는 굴 껍데기의 시간
철썩이며 오고 가는 파도에
슬쩍 울음을 섞어 보내기도 한다
갯벌 위 치열한 문장들이 있다
바지락이 써놓은 문자와
사람이 새겨놓은 문자를 해독하다 보면
해는 어느새 중천에 있다
길은 닫히고
갯벌을 오가던 사람들 떠나고
다 읽지 못한 문장도 사라진다
그는 다시 섬이 된다

절규

팽목항에 비가 내린다
수심 깊은 바다 끌어안고서
하늘도 절규하고 있다

4월의 빗줄기
말 없는 바다를
세차게 흔들고 있다

애타게 부르는 소리
혼자 돌아오는 길가
목이 아프도록 울음 삼키는
소리만 가득하다

빠른 걸음으로
어서 돌아오너라
비 맞으며 기다리고 있다
하늘 가득
노란 나비 날아오른다

사)카톨릭문인회, 한국가곡작사가협회 이사. 사)한국현대시인협회 이사.
시집 『바람에게 길을 묻다』 외 다수.

남정우

그대였음에

춥고 울적해 눈물나는 날
따스한 손길로 다가서는 사람이
그대였으면 좋겠습니다

그냥 누군가가 그리워지는 날
눈 향기처럼 솔솔 피어나
내 가슴에 불현듯 찾아드는 사람이
그대였으면 좋겠습니다

가만히 바라만 보아도
눈처럼 스스로 녹아드는 사람이
그대였으면 좋겠습니다

외롭고 공허한 가슴에
사랑의 불씨 지펴놓은 사람이
그대였으면 더욱 아니 더더욱
그대였으면 좋겠습니다

고시원

어둠이 내린 초저녁거리
붉은 가로등만 유난한데
한 평 남짓 방향 없는 좁은 방
이곳에서 무얼 얻고 가나

저녁 비는 처량하게 내리고
중고 싱글침대 한사람 자리
세차게 돌아가는 차량들 바퀴소리
아스팔트 도로위에 힘들게 굴러가고

복잡한 도시 속에 내 마음 어우러져
몸부림치는 비바람 소리뿐
칼날로 선 운명의 분노
내게 광기어린 설움은 도지고
또 도져만 간다

한국문인회 수필분과 위원. 전)충남 대덕군 서산군 보건소 근무. 전)월간한올문학 상임이사. 한올문학상 수필부문 대상 수상. 저서 『징검 다리 위에서』 외 다수

노유섭

사랑의 쌀

사랑의 쌀을 나누자기에 한봉지 쌀을
한봉지 쌀을 담는다
하얀 플라스틱 쌀컵에는
무심코 연탄이라는 말이 다가오더니
이내 눈물이 어린다
쌀밥을 한 번 마음껏 먹고 싶었던
오래된 기억과
연탄 가득한 날의 따뜻함이
가파른 오르막길 서러운 지게 진 사람들의
그 겨울 고달픈 서러움으로 다가온다
그러했으리
꼭 달동네가, 시골 변두리가 아니더라도
나의 어머니, 너의 어머니
너와 나의 아버지가 그러했으리
흰 쌀밥엔 늘 뜨겁고 하얀
내일에의 희망이 있었으리
기댈 수 있는 언덕이라면
자식이건, 친척이건, 이웃이건
연탄불에 뜨거워진 아랫목에
고달픈 몸 누이듯
그렇게 기대고 어디서건
희망가를 부르고 싶었으리
그리도 먹기 싫었던 조밥과 무밥,

눈보라에 얼어붙던 밤의
고구마와 조선무 깎는 소리도
그 쌀밥의 꿈에 젖어
그리도 따스히 깊어가고 있었으리
지금도 그렇게 깊어가고 있으리

서울대 국어과·동 대학원 경영학과 졸업, 사)한국현대시인협회 지도위원. 한국가곡
작사가협회 부회장. 시집 『말머리 곡선의 기류』 외

노유정

루이지애나 다리

머나먼 여정길에
휴식처럼 만나본 루이지애나 다리

그와 나의 인연처럼
짠 바닷물 향취와
밋밋한 강물의 어울리지 않는 조합

흙 위가 아닌 물 속
물 위에 잠기운
그림자 남기고 서있는 저 표적들
지나가는 길손 입을 마주한다

저토록 음영 짙은 삶의 무게는
풀 속 저 나무들은 이미 알고 있다
밤하늘 달과 별들도 그만 말하지 않는다

우리네 흔적
슬픔의 길이만큼 긴
루이지애나 다리
이젠 보아온 터널마저 그윽하다

명주실과 수레

명주실 인연은
섬 머슴아와 육지 가시내가
덜커덩거리는 수레 끈다
수레에 담겨진 억수 같은 사연
지구 포옹하는 바닷물보다 많다
하늘의 은하계도 개임 되지 않는
그 엄청 났던 수레 안의 무게
명주실 질김으로 절망도 잘 버티었구나
먼 훗날 하얀 재로 사위어가도
목화밭 그 아픈 이야기
꽃씨로 남으리
섬 머슴아와 육지 가시내는
아직도 수레 끈다
수런수런 목화 꽃 버그는 소리 들으며

국제펜문학한국본부, 한국문인협회, 한국현대시인협회, 부산시인협회 회원. 현, 부산펜문학 부회장. 시집 『꽃가람길』 외

류한상

인류의 죄를 위하여

만 인류의 죄를 사해 주시려고
하늘 보좌 떠나 이 땅에 오신이여
고난의 십자가 지시기까지 생명바쳐
날 구원하신 주님 그 은혜가 놀랍습니다

우리 위해 흘리신 고귀한 피
만백성의 생명 되어 주시사
이 몸 맘 다하여 다짐하오니
주여 크신 은혜로 다스려 주소서

오직 우리 주님만이 생명이요
오직 우리 주님만이 영생이요
오직 우리 주님만이 천국이요
오직 주님 한 분만으로 만족하여

주님 위하여 이 몸 다 바쳐
찬양 경배 영광 높여 올리나이다,

수고의 결실로

온 대지와 만물들 푸르름과 싱싱함의 응집력
가득 채워진 계절 그 속에 우리 있잖소

하늘의 정기 빛 받아서 새 생명 운동의 활력
저마다의 모든 생명체 그 속에 열매 또 품었오

논과 밭의 작물 일꾼들의 땀과 함께
풍요의 열매를 잉태해 수확의 기대주고 있잖소

심는 이와 물 주는 이가
또한 자라나게 하시는 이가
다 한뜻 목적 되어서…

한국신문예문학회 부회장, 아태문협 지도위원. 가곡작사가협회 감사.
총회신학대학원 교수. 시집 『10월의 노래』 외,

맹태영

개망초

비옥한 땅에도
버려진 황무지에서도

도둑고양이처럼
슬금슬금 피어올라

유기견 같이 무리지어
서로 으르릉 거리며

잡풀이라 스스로들 낮추었다가
키는 나무처럼 높게 키워서

이제는 주인이라며 당당하게
반말 같은 세상을 만든다

현충원 묘비명을 지우는
개망초 한 무더기

자운영

펑펑 쓸 줄만 아는
아내 빚 갚아 놓고

쉰 대여섯에
교통사고로 죽었다

보험금 고스란히
바람 난 아내 몫으로 남겨두고

즐겨 먹던 막걸리 한 잔
제사상에 올려 줄 자식 하나 없이

논바닥에서 피고 지는 자운영처럼
흙 속의 자주색 거름이 되고 말았다

동의대학교 미술학과 졸업. 아태문협 부이사장. 한국신문예문학회 지도위원
시집 『소고기 국밥』 외 다수.

박계자

단비

툭툭
설레임 소리
사삭 사삭
내 몸을 적시는 소리
바스락 바스락
풀잎 소리
또르르 또르르
꽃잎의 웃음소리
똑똑
문 두드리는 소리
토닥토닥
엄마의 자장가 소리
투다닥 투다닥
방으로 튀어 들어오는 소리
추적추적
누군가의 발걸음 소리
후두둑 후두둑
그리움이 떨어지는 소리
함박골에 머무는
네 목소리, 소리들

시계

이른 아침
봄을 노래하는
지지배배
지지배배

귀여운 종달새는
두 눈 맞추며
포르륵 날아올라
바람처럼 날아간다

지치면
앉았다 가고
가다가
힘들면
다시 오려므나

중앙신학대학원. 상담학박사 과정 중. WAAC 명예문학박사. 한국신문예문학회 아태문협 이사. 황진이문학상 수상.

박민정

바람처럼 잠이 든다

젖은 황혼은
어머니 마중 길에
새털구름으로
꽃잎처럼 가라앉는다

어둠으로 간을 본 추억들이 닻을 내리면
나는 창가에 떨고 있는 등불을 벗 삼아
한이 시퍼런 시를 짓는다

아슬아슬
절벽을 타듯 살아가던
어머니의 창백한 얼굴이
바람결에 흘러내리는 마사처럼
거푸 손짓을 한다

잔금으로 얼룩진 그리움이
힘겹게 꿈틀거리면
내게 길들여진 절망은
종종 검은 꽃을 피운다

어둠 속으로 추락한 슬픔이
뜨거운 눈물로 젖는다

모시 보자기로 가려진
찬밥 같은 어머니
나는 오늘 밤도 그 젖무덤을 물고
바람처럼 잠이 든다.

시인·낭송가. 한국신문예문학회 이사. 현대시선 시·동시 신인상 당선. 영상 시 문학상 장려상 수상. 제2회 한용운'님의침묵' 제27회 글사랑전국시낭송대회 금상 수상.

박서현

움켜쥔 심장

아득히 지난날
태극의 함성이 천지를 뒤덮을 때
마른풀잎들도 뛰쳐나와 머리채를 뒤흔들었습니다

용암처럼 피가 거꾸로 솟구쳤던
일제의 구둣발과 총부리 속에서도
까맣게 탄 애간장을 보듬고
기미 항쟁과 독립선언을 외쳤던 임이시여

쓰라린 울대 저 아래
외마디 비명과
문드러진 혼을 모아
움켜쥔 심장에 피를 물고 떠나신 임이시여

이제 초목이 몸을 떨었던
그날의 탑골공원을 돌아보며
바람의 손을 잡은
일백 송이 꽃등에 올라앉아
허이허이 노니다 가소서

용늪을 찾아서

서둘러 가는 가을의 길목에서
하늘 끝닿는 곳
설레는 마음 하나 실었다

대암산의 품속
숱한 세월 뒤척이는 용늪에 귀 기울이면
비로용담, 금강초롱, 제비동자꽃 들과
습생식물들의 신비로운 이탄층에서
태곳적 소리 들린다

구절초가 숨 막히게 꽃을 피워
은하를 이루고
가을 끄트머리에서
단풍나무도 마른기침을 쏟아내는 그곳

울대깊이 삼키고 있던 용늪의 심장 저 아래
미완의 쓰라림이 가슴을 쓸어내리고
잃어버린 분단엔 화해의 깃발 휘 날릴
그날을…

한국문인협회 외 다수. 수상 : 정과정 문학상 외 다수.
시집 『세월 저 너머 기억』 에세이집 『오늘, 걸을까, 달릴까』

박영애

달빛에 실어

두손 모아 간절히 기도한다
맹세
소원
약속
저 많은걸 어찌 감당할까
달님은

풍덩 풍덩 퍼낸다
연인의 마음 변치 말게 해 달라고
사랑을 전해 달라고
가족들 건강 지켜 달라고
달님께

무게가 똑같아
늘 같은 자리에서 출발하나보다
내 그리움을 어느 쪽에 넣을까

자연의 한 조각으로
한 생을 마무리하기까지
나를 위해
누군가를 위해
달님처럼 눈에 들어오는
풍경들을 받아들이며

차곡차곡 쌓아온 기억들을 지우며
새로운 삶을 담기 위해
밤마다 굽이치는 슬픔 중에도
나, 미소를 잃지 않으며
고요한 마음으로 두 손 모우리라

행정학 박사. 한성대 외래교수. 요양원 원장. 한국유네스코연맹 이사. 색동어머니회 고문. 시낭송가 방송작가 동화연구가

박영원

밥
― 생사의 갈림길

보릿고개를 넘던 시절
어머님은 늘
당신의 허리를 졸라맨 만큼
나에게 고봉밥을 주셨다
꾹꾹 누르고 쌓아
무럭무럭 자라서
큰 그릇 되라고

그러나 그때마다
나는 고집스레
그 우 수리를 덜어냈다
얼마나 속이 상하셨을까

그래서인지
어머님은 일찍 떠나시고
고집스럽던 나의 삶은
덜어낸 만큼의
그릇밖에 되지 못했다

때늦게 고봉밥이 그립다.

이팝꽃

해마다,
이팝꽃* 하얀 미소
흐드러지면
목이 메인다
보릿고개 넘던
유년의 추억에

칡뿌리
생솔가지
벗겨먹으며
굽는 허리 폈지

입하절立夏節
이팝꽃* 하얀 이밥
꿈에 그리며
타박타박 넘던
보릿고개에서

* 이팝나무 꽃을 줄인 말.

『월간문학』에서 '詩'와 '民調詩' 신인상. 한국문회, 현대시협, 국제PEN문학 이사, 아태문협 자문위원. 시집 『위대한 바보, 그 이름 어머니』 외 7종

박용유(장산스님)

설악雪嶽의 마지막 풍경

설악무산스님 그렇게 떠났다.
종단의 크고 작은 천여 승가들
모든 이들 모여앉아
칭송하느라고 하루해가 모자랐다.
정말 그랬다 용대리 이장님이
조사하다 엉엉 울었다.
설악무산은 동네 구석구석 돌아보며
아프지 말고 아파도 울지 말고 살라 했단다.

하버드대에서 날아온 교수는
눈시울 붉히며 상기된 얼굴로
끝내 조사를 읽어 내려갔다.
한 대학의 총장은 나의 큰 스승이었다고
회상하는 구절에서 어깨가 들썩이었다.
수백의 만장 깃발은 일주문을 지나고
다비장엔 수백의 오색 깃발
무심히 다비장에 만장은 펄럭이는데
금방이라도 무슨 일이 일어날 것 같았는데
억수 같은 빗줄기가 깃발을 적시더니
만장에 적은 수많은 문구들은
다 떨어져 강물 되어 바다로 떠내려갔습니다.

불꽃이 법구를 태워 들어가더니

그렇게 활활 타 들어가더니
한 송이 연꽃이 피어나더니
화연火蓮의 붉은 연꽃 송이들
하늘을 향해 날아 하늘 높이 날아
하늘에서 연꽃은 별이 되어 저 멀리 날아
하늘에서 연꽃송이로 피어났습니다.

수필가, 동국대학교 불교대학 선학과 졸업, 저서 『조주어록 석의』 상하권, 산문집 『걷는 곳마다 마음꽃이 피었네』 외 화엄경 10일 법문

박원혜

자식

언제든 어미의 심정은
아프고 아리다

애잔한 큰아이
외로워 보이는 작은아이

나를 닮아
쾌활하지도
씩씩하지도 않다

애잔하고 아리고
아프다

우리 엄마가
내 뒷모습을
그렇게 보고 계셨었다

상처 들어올리기

내 안에 있는 상처받은 어린아이와 만났다
강릉 안목항 바닷가에 앉아

넘실대는 바다와 아득한 하늘과
파란 물고기들은 아직 보이지 않았다

말간 모래사장과 눈부신 오징어 배와
푸른 갈매기 몇이
나와 동행했다

매일을 바다를 바라다봤다
매일을 바다와 노래했다
어느 한 날
슬픔이 들어올려졌고
기억이 보이기 시작했다

엉금엉금 기어 뭍으로 나왔다

한국문인협회, 한국여성문인회, 한국기독교문인협회, 한국현대시인협회 회원.한국가곡작사가협회이사. 시집 『상처를 위하여』

박은선

푸른 연가

초록 세상에 다리 품 판다
얼마나 멀리 와 있는지
정수리에서 뒤꿈치까지
단숨에 보이지 않는다

저 멀리 간 앵두빛 첫사랑일까
어제가 오늘인 양
오늘이 먼 지난날인 양

손끝 단정히 이파리 잡는 이 맘
아는지 모르는지
산마루에 두고 온 그리움 찾아온다

구엄리에서

어멍 할멍 허벅 들고 바다로 간 동안
주인 행세하는 성황당나무
오방색으로 소원물결 나폴거리구나

비쩍 마른 가시나무, 얄궂은 냄새는
오래전 옆 초지로 이사하여
붉은 동백꽃 곱디고운 울 고향
아이들 뜀박질에 숨 가쁘구나

엉불턱에 씻기운 몸
숨비소리 검은 돌 틈 내려놓고
허벅지고 이고지고 하얗게 등불이구나

뉘 집 안방은 뜨끈한 구들
뉘 집 돌담은 붉은 홍
뉘 집 마을은 먼 바다가 들려주는 소리 들으며
저녁이면 도란도란 이바구 하는구나.

시인. 녹음낭독가. 한국현대시인협회 회원. 신문예 기획실장. 아태문협 윤리위원. 제18회 황진이문학상 본상 수상.

박일소

봉숭아꽃 물들이며

부드러운 바람결 타고
내 외로움처럼 흔들리는 꽃잎
한여름 뜨겁게 물든
그리움
또아리 틀고
순수 꿈으로 번질까

꽃잎의 한쪽은 손톱에 물들이고
꽃잎의 한쪽은 가슴에 멍 들인다

스치듯 지난 시간이
그리움뿐인데
쓸쓸했던 그대 뒷모습
잎새의 새긴 마음인데
그리운 구름 꽃잎 띄우면
눈물 한방울 떨어질까

벙어리 냉가슴에 새긴
연분홍 꽃 물
꽃잎에서 묻어 나온 흔적
아련한 추억이 남은 뒤안길 돌아
긴 그림자 위로 바람은 연신
그리움 물들인다.

여성과 남성에 대해

언젠가는 여성이 남성의 대립적인 존재나
경계의 삶과 존재만을 생각하는
여성적인 인간상이 나타나게 될 것입니다
남성 대 여성의 관계가 아니라
인간 대 인간의 공통관계를 이룩하게 될 것입니다

사려 깊고 조용한
만남과 이별의 과정에서
훌륭하게 이룩될 이런 인간적인 사랑은
우리들이 싸워서 얻어야하며
고독한 두 사람이 서로 부축해주고
인사를 나누게 될 사랑과 비슷합니다

국제펜한국본부 이사, 한국문협 국제문학교류위원, 한국현대시인협회 이사.
시집 『꽃 아래 마음의 거울 놓고』 외 다수

박 잎

금강에서

돌아서라, 돌아서라

안개 속으로 풀리던 발
폐허로 주저앉아 불을 피운다
모래 위에서 옛날은 타오른다
성냥개비가 물에 젖고
북청색 강물에 발을 담근다

재가 떠오른다
저 그늘로 가라앉지 못하는 재
눈을 드니 진달래
절벽에 진달래

아, 사람의 마을에 불이 켜진다

다시 주점에서

슬픈 동굴
모서리,

네 서늘한 이마
묻혔던 자리

까르페디엠!
짙은 문신이 잊힐까
꽃샘바람 잊힐까

상한 귀에서
흘러내리던
지푸라기…

먼 사막
꽃으로
피었을까

대전 출생. 충남대 영문과 졸업. 성균관대 영문과 대학원 졸업.
시집 『꿈, 흰말』

배병군

엄마의 집밥

빙글빙글 돌아가는 전자레인지
따끈따끈 익어가는 새하얀 햇반
2분 후에 꺼내 보니 김이 모락모락
꼭 살아야겠다는 희망을 준다.

오랜만에 먹어보는 깻잎장아찌 통조림
곱게 절여지고 맛난 향기 돌아
한 잎 떼어 입에 넣으니 식욕이 꿈틀
온몸에 금방 행복이 돈다.

하지만 마음 한편이 허전함은
지금 있는 이곳이 삶의 목적지가 아니라
엄마가 젖은 손으로 지어 소복이 퍼주는 집밥과
가족들의 정이 녹아있는 집이 그리워서 일게다.

따끈따끈한 연탄보일러 아랫목에서
색 바랜 접이식 철 쟁반 펴고 앉아
보글보글 피어나는 구수한 된장찌개 향연
아, 아스라한 추억 먹는 집으로 빨리 가고 싶다.

올가을에는

올가을에는, 정말 올가을에는
키 작은 노란색 들국화 피어있는 가을 산을
춤추는 연갈색 억새 잎이 휘어진 가을 산을
불타듯 빨간색 단풍 물이 배어진 가을 산을
사랑하는 친구와 함께 꼭 보고 싶어요.

올가을에는, 정말 올가을에는
메타세쿼이아 황금 물결치는 가을 공원을
노란 은행나무 줄지어 선 가을 제방을
여린 코스모스 하늘거리는 가을 길가를
사랑하는 엄마와 함께 꼭 걷고 싶어요.

올가을에는, 정말 올가을에는
나 그대 가을 속에 들어가고
그대 내 가을 속에 들어와서
서로 아껴주고 보듬는 사랑을
사랑하는 그대와 함께 꼭 느끼고 싶어요.

충남 서산 출생. 종합문예유성 회원, 한국가곡작사가협회 회원
현재 광신고등학교 교사(서울) 서울교원문학 수필 부문 선정

배애희

수학여행

가끔 무궁화 완행열차를 탈 때면 아직도 마음이 설랜다
난생처음 타본 그때의 설레임이 아직도 마음에 남아있기
때문이리라

때는 1970년 시골 촌뜨기들이 수학여행을 떠나던 그때
버스도 처음 타보는 친구들이 있었으니 기차는 얼마나 더
설레였을까 모든 것이 신기하고 설레이기만 했던 철부지
들 대구시내 많은 차량 행렬에 놀라고 높은 빌딩 쳐다보
느라 눈이 휘둥그레진다 보다 못한 선생님 애들아 의젓
하거레이 촌넘소리 듣지 않도록 알았제? 모두 하나같이
'예'라고 대답은 했지만 신기한 것은 어쩔 수가 없었다
지나가는 기차를 보며 누가 먼저랄 것도 없이 한 칸 두
칸 소리 내어 헤아리다 놓쳐버려 안타까워했던 일들 분수
대를 보며 신기함에 고함을 쳐댔으니…

그렇게 도착한 포항 바닷가 바닷물이 짭다 했는데 어디한
번 달려가 한웅큼 입에 넣고는 선생님께 달려와 '선생님
예, 정말 바닷물이짭네예' 했다가 '예끼 이녀석 선생님이
언제 거짓말하더냐'며 알밤 맞고도 좋아라 깔깔대며 웃던
일 선착창 바다에 떠 있는 많은 배들 책에서만 보던 것들
이 직접 눈으로 보는 신기함에 좋아했었던 일들, 이튿날
도착한 경주 웅장한 모습의 불국사 다보탑과 석가탑 많은
유적들을 돌아보면서 행여 선생님 놓칠세라 연신 선생님
을 불러댔었지

'일찍 자거라 내일 남산 석굴암 일출 보러 가야한다'는 선생님의 당부에도 설레임에 제대로 잠을 청하지 못했던 밤들 채 떨어지지 않은 눈을 비비며 선생님 손전등에 의지해 선생님 옷자락 붙잡고 쫄랑쫄랑 따라갔던 석굴암 그 웅장함에 벌어진 입 다물지 못하고 그렇게 내려오는 길 길가 양옆 수북이 쌓인 낙엽들을 보면서 어김없는 시골아이 본성이 들어난다

'선생님예 저 낙엽 담아가면 우리집 일 년 치 땔깜 걱정 없을 껀데예' 학교 갔다 오면 책 보따리 풀어놓기 바쁘게 산으로 땔감을 하러 가야 했던 우리들 입에서 당연히 나올 말이었기에 선생님은 그저 웃기만 할뿐 아무 대답이 없으셨다

그렇게 갔다 온 수학여행에서 처음 타보는 기차 지금도 난 열차를 탈 때면 그때의 추억들이 가슴에 남아 아직도 가슴에 설레임을 안겨준다

시인 · 시조시인, 사)한국다선문인협회 운영이사
사)국제문화기술진흥원 주최 초대작가전 정격시조 입상

배정규

고리

백목련이 달빛을 닮았다고
백목련을 달빛이라 하지 않듯이
너와 내가 마음이 닿았다고
한 곳을 바라보는 것은 아니다

그럼에도 너와 내가 어울릴 수 있는 것은
흔들리는 갈대가 울음이라든가
흐르는 구름이 고향같다든가
하나가 되는 것들이 있기 때문이야

마음이 하나가 되어야
서로가 서로에게 연결되어지는 것이다
보는 것과 느끼는 것의 다름이지

두드림

두드림은 열림의 전체조건
비의 두드림은
바다를 열고
산야를 열고
생명을 연다

나의 두드림에 왜 그는 열지 않는가
간절함이 아직 모자람인가
빗장 걸어 잠근 자물통이 고장일까

한 발 물러서 나의 문제 점검해 보자

서울로미래로예술협회이사장.한국현대시인협회운영위원.아태문인협회・한국신문예문학회자문위원. 시집 『품는다는 것은』

배챨스

아스팔트

아리도록 힘든 고통도
의지와 인내로 버텨 내는 감동

때로는 상처 입어 구멍 난 몸통도
간단한 응급조치로 굿굿한 의연

언젠가 너를 가장 단단한 금강석
다이아몬드로 단장해주리라

인생이란
그리 큰일 아닌 이야기도
덤같이 보태어 반짝이려 하건만

침묵의 아스팔트
인고의 검은 빛이여

지고한 네 인내 있기에
우리는 다시 다큐멘터리가 있는
삶의 현장 속으로

새날의 아침 같은 너를 향해 질주한다

낙동강

부산 떠나 하동 가는 길이다
김해 진영 마산 함안 진주 진교 지나
145.82키로 미터다
가을 벼 김장무의 전송 받으며
민족의 애환 실린 낙동강 지나간다
온갖 역경과 시련 이겨내고
승리의 깃발로 흘러가는 대하
깊게 숨 고르며
민족의 강물 한 사발 쭉 들여 마셨다
기쁨이 있는 곳엔 슬픔도 있는 법
다큐는
사나이 가슴 속 쓱 훑고 간다
아린 역사의 강물을 마시는 너는 누구냐
아,
민족 아픔 숨어 우는 침묵의 강물아
나도 심연의 베개를 찾는다.

미주타운뉴스 문학상 외 다수. 전)한미문학진흥재단. 현)국제펜문학 부산지역위원회 이사 및 자문편찬 위원회. 시집 『조국을 등에 지고』

서근희

길

산다는 것은
몸에도 길이 있어
아들딸 키우며 수고와 배품의 손길,
부지런해야 하고

이웃과 친구들과 나누던 미소의 눈길,
늘 따뜻해야 하고

학문 익히기 위해 찾아다니던
발길,
또한 분주해야 한다

젊은 때는
땅에서만 길을 찾아 헤매지만
인생의 나이 느지막하면
하늘의 길을 찾는다

하늘길은
천지자연에 거짓 없는 하늘
우러러보며 하늘을 믿고 사는 것이다

감나무

감나무는 오지랖이 넓다
담 밖 옆집으로 팔을 내밀어
요상하게 매달린 가지 끝 감
내 것이요 니 것이요
옥신각신 하다가도
서로 나눠 먹게 되는
감나무에 감은 인정을 나눈다

옆집에 사는 이가 누군지 모르는
사람들보다 더
아름답다

숙대 졸업, 한국문협·국제PEN문학 회원. 한국현대시인협회 회원. 아태문협 회원.
시집 『시간의 두루마리』 외 다수

서기원

5월의 학 나래

꽃들이 초록 이끄는 오월이여!

나르는 이 몸 곁에
누운 산허리
고운 저 살결

청산엔
내 숨결
속 살빛 섞어 파도치네

둘레길 도는
명주실 푸는 소리
매끄럽게 풀리는 맨살 끈 가뿐 숨소리

노을아래 저녁연기
풀고 감는 하늘 나르는
학 나래 어라

어느 자전적 이야기

시간의 속삭임은 슬픈 미소였나
추억마다 화가 났다

주춤거렸던 거리
날개를 퍼덕거려도
어딘가에서 밀려오는 어둠
주름 이랑에 고이 심으면
드디어 돋아나는 새싹

밤하늘에 꽉 찬 별 같은 나무들
거침없이 커가는 그늘
향기 끝에서 쫓아오는 뭇시선

손님들로 북적이는 거실엔
꿈마다 날아오르고 있다

한국문인협회중앙위원. 문협금천지부·아태문인협회 부이사장.
시집 『사랑과 기쁨』 외.

서덕동

바다는 섬으로 산다

바다는
섬으로 숨을 쉰다
섬에서 호흡을 가다듬고
섬에서 다시 생각에 잠겨
떠날지 섬이 되어 남을지
섬에서 잠시 섬이 된다.

바다는
섬에서 숨을 쉰다
섬에서 영혼을 확인하고
어디쯤 온 건지 어디로 갈지
섬에서 바람이. 되거나
섬에서 다시 바다가 된다.

백우
– 대한독립의 날

하얀 별빛이 온 하늘에 수놓아 쏟아지겠죠
하얀 날개마다 하얀 깃털 한껏 휘날리겠죠
하얀 하늘에 더 하얀 빛새들 날아오르고
하얀 꽃비가 눈처럼 온 세상에 쏟아지겠죠

내가 그대를 만나는 날 언젠가 그날이 오면
내가 그대의 마음을 알고 나의 마음을 열고
내가 그대의 생각마저 느끼고 알게 되는 날
내가 온전히 그대와 기뻐하고 사랑하는 날

하얀 별빛 맺히듯 하얀 빛새들 하늘을 날죠
내 간절한 마음으로 그대 생각에 닿으면
하얀 꽃비 눈처럼 날리듯 나는 하늘을 날죠
내 생각에 그늘을 걷고 그 마음과 하나 되는 날

시인·작사가, 전 한양대 및 경성대 교수, 한국가곡작사가협회 및 현대시협 사무차장. 아태문협 및 한국신문예문학회 사무국장.

서영희

대상포진

때로는 아무도 모르게 모든 연락도
다 묻어두고 나를 가두고 싶을 만큼
지친 몸으로 병원으로 향했던 날

삼복염천으로 세상을 불태우는 시간 속
등 근육이 꾹꾹 찔리고 통증에 시달리다
붉게 물기 머금은 꽃들이 피고 나서야

몸은 신경줄을 타고 아픔을 호소하고 있었으니
그것조차 뒤로 하고 삶에 치여 바둥대다
반항하는 몸의 집회를 이제야 느끼는

무감각한 세상을 살아온 내 육신의 고통
새벽의 고요를 깨뜨리는 여명 같은
새까만 어둠 속에 나를 가두고 싶다

함께 나이 들어간다는 것

함께 나이 들어간다는 것
병실 앞 침대에 누운 아주머니
그 곁에 수발드시는 연세 많은 아저씨
자녀들 물리치고 노친네가 직접 수발드신다
다리 수술로 침대에 등을 맡긴 아내
소변통을 받고 나르고 죽을 데워와
조심조심 떠먹이고 닦아주고
머리맡에 자리 잡고 조곤조곤
일상의 대화를 나눠주신다
두 손 꼭 잡고 힘내라며 다독이고
당신 힘난 목소리 들으니 안심 된다며
함께 기뻐하시는 노부부
함께 나이 들어간다는 건
참으로 소중한 인생의 선물인 게다

경남 밀양 출생. 한국문인협회 회원. 밀양문인협회 회원. 한국신문예문학회 회원.
시집 『달의 손목을 잡다』

서진송

채웠다 비운 술잔에

쓰디쓴 생의 파편 풀리잖은 인연의 끈
꽉 찬듯 하면서도 펴보면 언제나 빈손
반 남은 술잔에 고인 어줍잖은 넋두리.

기막힌 세월자락 멈추잖는 고통의 벽
가로로 때론 세로로 열리고 닫히는 답답한 귀
푸념은 술잔에 차고 눈물강만 흐른다.

꽃 피긴 쉽다 해도 아름답긴 어렵다던가
척박한 운명 탓에 살기는 어렵더라
채웠다 비운 술잔에 긴 한숨만 채운다.

어머니

긴 세월 시난고난 헤쳐온 내 어머니
희뿌연 시간時間의 숲 우거져 있는 밤에
가슴속 깊이 싸안고 묻어둔 한恨 내비친다.

촛농에 밤새우며 삯바느질 하는 손이
바늘에 찔리어도 무디어 모르시는
저고리 옷고름마다 바랜 눈물 자욱하다.

등골이 휘어지는 짓누른 삶의 더께
눈가에 파인 주름 한시름 달래고저
꽃사과 향기와 같이 진한 눈물 감추었다.

속이야 타고 타서 재 된지 오래이고
기억은 가물가물 병석에 누웠어도
잔잔한 미소 머금은 그 모습이 참 곱다.

경남 함양. 한국문협 회원, 한국신문예문학회 이사. 탐미문학상 최우수상, 황희예술
상 금상. 시집 『동강의 사랑』 외 시조집 다수

석정희

그런 사람

아주 가끔씩 마주쳐도
화덕 앞에 도란거리던 때처럼
따뜻한 사람으로 남아 가슴 녹이고

후덥해진 방문을 열면
신선한 바람 한 자락으로
들어와 탐욕을 잠 재워

새벽길 같이 걸어
마주친 눈의 곱까지도 아름다운
새소리보다 더 가깝게 있는 숨소리

꼭 다물었던 봉오리
이슬방울 굴리며
햇살 받아 피어오르는

그런 사람 되어 그런 사람 만나
사막을 가고 험산을 넘어도 지치지 않는
한밤에 촛불로 타는 그런 사람

길 위에 쓰는 편지

핏줄 되어 흘러가는 것 아니어도
멈추면 마저 끊기는 것이어서
꿈속에도 걸어야 한다
깊은 잠에 철새 날아간 길 열려
따라가면 풀섶에 흩어지고
다시 지쳐 무너져 버리는
하얀 종이 위에 그려 넣던 한 줄
끝을 찾아 어디론가 기울어가다
물길 속에 잠겨도
다시 나서던 마음 일깨워
철들어 가던 불혹을 건너
지천명에 숨가삐 떠밀려
바람 안은 결을 타고
설형문자처럼 번지는
그 끝에 누가 기다려 있는가
문득 눈 덮이던 길에 남는 발자국.

한국문협 및 국제펜한국본부 회원, 재미시협 부회장 및 편집국장, 미주문협 편집국장 역임, 영시집 『엄마되어 엄마에게』 외

성정옥

지금이 참 좋습니다

고희를 넘었어도 나이보다 젊어 보인다 하니
지금이 좋습니다.
기억이 조금씩 사라지는 듯 하고 눈이 침침해도
책을 읽고 시를 쓸 수 있으니
지금이 좋습니다

치아는 아직 쓸 만하여 먹고 마시는데 큰 불편 없어
지금이 좋습니다.
가끔 허리와 무릎이 아파 병원에 다니긴 해도
잘 걷고 맘껏 산책 할 수 있으니
지금이 좋습니다.

추워지면 허벅지도 시려옵니다.
그래도 따뜻한 곳에 있으면 견딜 수 있으니
지금이 좋습니다.
큰 병을 앓았어도
치료받아 감사한 마음으로 살 수 있으니
지금이 좋습니다.

자녀들도 자립하였고,
사랑으로 곁을 든든히 지켜주는 남편이 있어 행복하기에
지금이 좋습니다.

이제라도 배우고 싶은 것 맘껏 할 수 있으니
지금이 참 좋습니다.

세월이 흘러 나이가 많아져도 지금 내 모습
이대로이고 싶습니다.

한국신문예문학회 회원. 아태문인협회 회원. 보은문화원장상 수상 충북노인문화예술
제 시로 입상. 보은군 해오름대학 문예창작반 재

성태진

연길 두레마을 찾아서

중국 조선족 학생 대상
2009년 여름 캠프에
'시낭송 기법' 강의 초청으로
연길시 두레마을 찾아가네

다민족 국가인 중화인민 공화국
56개 민족을 하나로 묶어
통일 중국 이룩했네

덕림장학문화재단 '박민자' 이사장
연길시 정협 '이백룡' 주석
북경에서 달려온 '송명철' 교수
캠프에 참가한 조선족 학생들과
서로 '만남의 시간' 가지면서
저마다 유머스런 인사 나누네

인사 중 한 여대생이 부른
김치 타령 노래소리가
아직도 귓전에 생생하구나

만약에 김치가 없었더라면
무슨 맛에 밥을 먹을까

중국요리 일본요리 나를 청해도
한국김치 제일이라네

김치없이 못살아 나는 못살아
나는 너를 정말 못잊어

맛으로 보나 향기로 보나 비길데 없어
한국김치 제일이라네
이아, 코끝이 찡하 이 감동
어찌 나만의 느낌이랴

월간문학21 편집주간역임, 국제전통문예운동본부 대표, 지구촌사랑나눔운동 대표
시낭송사랑국제교류회 회장

손영란

이별

보고 싶어도 볼 수 없는 것이
세상에서 영원히 만날 수 없는 것이죠

그리워하면 뭐하나 하면서도
무엇을 하든 보고픔은 도리 없다

이별은 아픔
이별은 슬픔
이별은 그리움

이별은 추억의 시간을 끌어낸다
이별은 소중함을 깨닫게 한다
이별은 이승과 저승의 다른 곳

생각나는 사람

나는 울었네
보고파서 울었네

머나먼 곳으로 떠나버린 사람
격려와 칭찬을 아끼지 않았던 당신

이제 꿈이 이루어졌는데
당신 없는 세상은 무의미한 것

오늘도 그날을 떠올리며
그리움으로 가슴이 녹아내린다

시인·수필가, 아태문협윤리위원·한국신문예문학회지도위원. 기독보수총회회장.
총회신학 이사장.

송경민

의미

하늘에 무수한 별들이
아름답게 빛난다 할지라도
내 것 아닌 다음에야 무슨 소용 있으리

내 것이라 지칭하고 품을 수 있을 때
깊이 빛나고 소중히 느껴지리다

매일 보는 꽃일지라도
집안과 밖의 꽃이 똑같지는 않으리

사랑의 눈으로 보듬고
가꿀 때만이 귀하고 아름다운 것이리라

너도 봄이다

그대라는 이름
당신이라는 속삭임
참 고마운 부름입니다.

긴 시간을 품으며
내게 남은 그것의 깊이는
아직 가름되지 않지만

풀꽃처럼 살아가는 나에게
그댄
내 나이 오십 살에 꺼내어진
행복에 겨운 봄입니다.

억겁의 세월이 흐른 뒤
내게 되뇌어지는 이름 하나 남아 있다면
그때
아름다운 사랑이었다 말하겠습니다.

(사)다선예술인협회 사무총장, 법무부 법무보호위원 사무국장, 시와시학작가회 회원, 공저 다수.

송봉현

언덕 위 집 감상

문우 상현이
금강 언덕에 꽃집 짓고

흠결 씻고 닦으며
태백님 일어나세요

다 뜨는 하늘 강 다 있는 곳
건너편 숲 황톳길
맨발로 걸어도 빠질 근심 없소.

풀꽃 문학 축제

스친 연분이 함박빛이다
금강마을 동인들

손잡고 날아올라
가을 하늘 수놓은

국향菊香 가득한
푸른 그리움이다.

한국공간시인협회 회장. 한국펜문학 이사. 한국문인협회 이사. 한국낭송문예협회 고문. 현대시인협회 회원

송영기

늦가을 아침 마당

아침에 일어나서 창문을 열었더니,
서늘한 아침공기 동녘엔 붉은기운,
대문옆 노오란 산국 활짝 피어 인사하네.

아직도 해뜨기전 조금이른 시각이라,
마당은 차분하고 동네는 한적하여,
담넘어 큰길가에는 오가는이 없구나.

엊그제 집사람이 동두천서 따온고추,
푹쪄서 말리느라 채반위에 널려있고,
깻잎은 일일이 포개 단지안에 염장했네.

배추는 파릇파릇 배가불러 싱싱한데,
화분의 꽃나무는 자라기를 멈추었고,
감나무 감 익어가고 잎사귀는 떨구네.

호국승護國僧 사명대사
- 김천 직지사 사명각四溟閣

어려서 여읜 부모 생사번뇌 화두話頭되어,
걸어서 도달한 곳 천왕문 앞 너럭바위,
지쳐서 잠이든사이 화상和尙 눈에 띄었네.

나라에 난리나서 억조창생 위중함에,
석장錫杖을 비껴놓고 장검을 들었으니,
불살생不殺生 계戒 내려놓고 큰악 먼저 물리쳤네.

산중의 선승禪僧인데 하산하여 승병장僧兵將되,
용맹한 청사자靑獅子로 종횡무진 공을 세워,
호국승 자비행으로 청사靑史속에 빛나네

아호 도운都雲, 유산楡山. 시조시인. 이목회 회장
시조집 『중천 높이 걸린 저 달』(푸른사상. 2018)

신미화

아버지

팔공산 둘레길
길가 하얀 능금꽃
발걸음 멈추게 하는 시간

거슬러 올라가 본 유년시절
어린 딸 능금 같아라
언제나 사랑만 주시던 당신

이젠 그 목소리 들을 수도
따뜻한 품에 안길 수도
갚을 수도 없는 한없던 사랑

허공에 불러볼 수
밖에 없는 안타까운 이름
당신이 보고 싶다

너에게

진분홍 꽃잎
고운빛 더 이쁘게
수줍은 듯 살짝 오므리고
무얼 생각할까

가는 세월 아쉬움에
안고 싶은 너

품에 들어온 포근한
그 향기에
얼굴을 묻으며

그리워하게 될
이슬 같은 눈물이
꽃잎에 스며든다

시인, 현)3.1운동 및 임시정부수립100주년기념 범국민추진위원회 중앙홍보부부위원장,
한국전문직업재능위원회 심사위원

김창규

새마을 운동

교실 칠판 위에 앉아있던
근면이라는 급훈
새벽부터 출근길 막히게 하는 범인이다

교실 칠판 위에 늘 앉아있던
자조라는 교훈
한국산 차로 거리를 가득 채우게 했다

마을회관마다 걸려있는
근면 자조 협동이라는 구호에
땀을 제물로 바친 위대함

밴드와 카페
동문회와 향우회
자생봉사단체를 데리고
번영해 가는 대한민국의 힘이다

세 잎 클로버 짊어진
새마을 깃발이
새벽종을 깨운 덕분이다
강남스타일에 맞춰
말춤을 출 수 있는 것은

강원도 평창출생. 1990년 현대중공업 근무 1992년 국회의원 비서관.. 한울문학 시인 문학상 16기 등단

신영옥

도산島山 길을 걸으며
  - 3.1절 100주년을 맞으며

임이시여, 임이 걸으신 그 길은
목숨도 두렵지 않은 오직 한마음

일본에게 빼앗긴 나라를 찾으려는 각오가
1905년 미국 한인 사회 기틀을 세우시고
밤낮으로 한인 농부들 스승, 어버이가 되어

"귤 하나라도 상처 없이 따는 것이 나라 사랑이다.
천대받는 민족이 되어서는 안 된다. 힘을 기르자."

흥사단 정의를 실천하신 사랑의 큰 그릇입니다

세계인의 도시 리버사이트 시청 광장에
우뚝 세워진 임의 동상 우러르며
샌프란시스코 감리교회에 보관된
1902년 그때 입었던 옷과 모자에 감사를

국내외에 심어놓은 나라 사랑 씨앗이
임께서 가신 길에 꽃으로 피어나
땅끝까지 이어갑니다
도산의 큰 뜻이여

아호 惠山 다년간 교육계근무, 시인, 가곡작사, 아동문학으로 활동.
시집 『산빛에 물들다』 외 가곡, 교가, 군가 작시

신충훈

님의 귀환
― 2018년 광복절에

님이 왔습니다.
침묵하던 나의 님이 왔습니다.

님이 떠나간 이후로
푸른 하늘을 바라보며
꽃길조차도 당당히 걷지 못하였는데
사랑하는 나의 님이
다시 왔습니다.

향기로운 님의 말소리를 다시 듣게 되어
꽃다운 님의 얼굴을 다시 보게 되어
가슴이 놀라서 힘차게 뛰고
너무나 기뻐 눈에서 눈물이 납니다.

떠날 때에
다시 만날 것을 굳게 믿었더니
침묵하던 나의 님이
그 믿음을 현실로 만들어주었습니다.

이제는 님을 보내지 않을 것입니다.
님을 사랑하는 나의 노래가
나의 입술에서 끊이지 않고
영원히 님의 귀를 휩싸고 돌 것입니다.

이제는 님이 내민 손길을
결코 놓지 않을 것입니다
님의 품에 안긴 이 행복을
영원히 간직할 것입니다.

님이 왔습니다.
침묵하던 나의 님이

시인·아동문학가·문학박사. 한국신문예문학회, 아태문인협회지도위원. 한국문인협회원. 동시집 『노래하는 꽃나무』 외

심상옥

한 사람의 말

사람은 울면서 태어나고
고통 속에서 살다
실망하며 죽는다고 누가 말했을 때
매일 매일을
인생의 전부인 듯 살라고 누가 말했을 때
산다는 건 호흡하는 것이 아니라
행동하는 일이라고 누가 말했을 때
사람이 괴로운 건
관계 때문이라고 누가 말했을 때
이 세상에서
죽기보다 더 힘든 건 사는 일이라고 누가 말했을 때
잘 살려고 하지 말고
덜 불쾌하게 살라고 누가 말했을 때

어떻게 사나 근심만 늘었는데
꽃밭에 서면 꽃의 종류만큼
많은 웃음소리가 들린다고
네가 처음 말했을 때
그때서야 알았네
내가 얼마나 말이 고픈지, 얼마나 아픈지

나의 도예법

물고기는 잘 때 눈을 뜨고 자고
돌고래는 깨어있는 채 잠을 잔다는데
잠을 막기 위해 은행잎을 달여 먹는
수행자도 있다는데

흙 빚으며 나는 무엇으로 사나

겉은 가시로 무장한 선인장도
속은 찝찔한 눈물 같은 물로 가득 차 있고
모래사막을 걸어가는 낙타는
눈이 늘 젖어 있어 따로 울지 않는다는데
슬픔만한 거름이 없다고 말하는 시인도 있는데

불가마 앞에 앉은 나는 무엇으로 사나

파괴함으로써 나는 창조한다
그것이 나의 도예법이다

시인·수필가·예술학 박사. 이화여대 사범대 졸업. 중국중화 학술원위원. 한국여성
문학인회 이사장. 국제펜 이사. 시집 『화신』 외

안기찬

기다리는 봄

아직은 찬바람 부는 겨울 들녘에 서서
봄이 오는 소리 들어보았는지요
겨울바람처럼 드센 들판의
아우성 소리 드높이 드높이 들려오는
그리하여 들풀들이 싹트고
지천에서 피어나 출렁이며 오는 소리를
그대, 비 오는 이른 봄날 강가로 나가
흐르는 강물 소리 들어보는지요
침묵처럼 그 깊이로 소리 없이 흐르며
봄이 오는 샛강에서 흐르는
물을 만나 강을 이루고 구비마다 뒤척이며
바다로, 바다로 흘러가는 소리를
봄이 오면 봄이 오는 들녘에서
들풀들이 싹트고 물이 물을 만나 강을 이루듯
사람은 사람을 만나 고도우(Godot)를 기다리며
절벽처럼 침묵하는 분노의 깊은 속
보듬으며 노래하리
이 땅 위에 다시 찾아올 우리들의 세상
우리들의 찬란한 봄을 기다리며

몽돌 해변에서

아득한 시간의 기슭에서
나직이 전율처럼 내려앉은
시원의 꽃잎 하나 있다

침묵의 너울처럼 선명한 빛으로
어둠을 사르고
잃은 길을 또 잃으며

눈 덮인 겨울 숲을 서성이는
짐승처럼 나는
언어를 잃어버린
순정한 한 송이 꽃이 된다

그 안에 있는 것과 그 안에는 없는
들리는 소리와 들리지 않는
억겁의 경계에서 일어서는

원시의 화석처럼 나는
초월을 꿈꾸는 내 안의 내가 되고

사)한국현대시인협회 감사. 사)한국문인협회 회원. 아태문인협회 편집위원, 한국신문예학회 회원

안선희

송내역 카페

도시의 밤은 미증유의 빛깔로
모성애 가득한 젖가슴 풀어헤친다.
시간을 얽어매었던 족쇄
벗겨져 땅바닥에 뒹굴면
굳은 입술에 갇혔던 언어들
자유의 빗장을 연다.

사랑하는 사람아!
슬픔일랑 굴포천 강물에 흘려보내고
우리 이 세속의 길에서
미소 짓는 빛나는 섬이 되자꾸나.
별들도 날아와
자정의 하늘가에
차례차례 화해의 등불을 켠다.

국화꽃 어머니

국화를 보면
억척스러운 여인이 생각납니다
비싼 옷 한 벌 대신
남보다 훌륭한 교육열로
여섯 자녀 키워내신
강단 있는 내 어머니

국화를 보면
지조 있는 여인이 생각납니다
빛과 향기, 화려한 자태
하나 없어도
정직해라, 남 앞에서 울지 마라
꿋꿋한 인생 가르치신
스승이신 내 어머니

사)한국현대시인협회 감사. 사)한국문인협회 회원. 아태문인협회 편집위원, 한국신문예학회 회원

안예진

요양병원

이슬 내리던 새벽
비단보따리 이고 도랑 건너시던 어머니

한여름 뙤약볕
호미자루 놀리시던 어머니

꽁꽁 언 얼음 깨고
기도하시던 어머니

목청 쩌렁쩌렁하여
동네에서 인정 받으시던 어머니

세월 못 이기시어
요양병원 침대에 누우시어
배고프다고 투정이시다
아프다고 엄살이시다

자꾸만 어려지고
여려지고 계십니다

곧았던 어머니는 이제 없습니다
나에게 응석받이 어린 딸이 생겼습니다

가슴이 아려 눈물이 가려
온몸이 사시나무 떨리듯 저려듭니다

세월은 이렇게 나의 어머니에게
쉬라고 선물을 내렸나 봅니다

시인·소설가. 한국문인협회 회원. 한국소설가협회 회원. 법무부청소년보호연맹 위원. 영랑문학상 수상, 시집 『첫사랑 당신』

어은숙

꽃샘바람

한 차례 봄비가 내렸다.
연노랑 물기 오르는 가지 끝
톡톡 꽃눈이 튼다.

봄은 너무도 빨리 떠나리라는 것을
꽃들은 알고 있다.

서둘러 꽃봉오리 벙그는데
시샘하듯 써늘한 꽃샘바람

그래도 꼬옥 끌어안고픈
꽃들의 봄
꽃들도 청춘이 있다.

봄비

언 땅 새봄맞이 목욕하라고
봄비가 자박자박 밤새 내린다.

아기가 엄마 젖 빨듯
쪼옥쪽 빨아 삼키는 생명의 단비
메마른 씨앗 첫 숨길 열어준다.

아침이면 개울가 버들가지
발그레하게 물올라 있을 것 같다
쭈우욱 기지개 켤 것 같다.

폭신폭신한 설레는 마음
왠지 멋진 사랑이
살며시 발꿈치 들고 찾아올 것 같다.

서울 출생. 시인. <월간 한국국보문학> 등단. 시니어지역상담가. 한국현대시인협회 회원. 한국국보문인협회 회원.

엄원용

꿈이라도 있어야

희망아, 달아나지 마라
네가 달아나면 피어나는 꿈마저 달아난다
삶이 아무리 녹록지 않다고는 하지만
그래도 꿈은 있어야 하지 않느냐
그 꿈이 꽃을 피우지 못한다 하더라도
먼 산에 만개한 붉은 꽃잎이라도
꿈을 꾸며 바라보아야 하지 않느냐

어머니

가을이 다가오고 있구나
어머니의 그 말 한마디에
비로소 바라보는 초겨울의 풍경
정원에 있는 나무들은 어느새
앙상한 뼈대만 남기고 겨울을 맞이하고 있었다

우리가 모르는 사이에
어머니는 겨울이 다가옴을 느끼셨다

그해 겨울 어머니는
나목裸木처럼 앙상한 몸으로 가셨다

우리들은
마지막 한 잎가지 다 떨구고
그 앙상한 뼈대만 남을 때까지 가을이 가고
겨울이 오는 것을 모르고 있었다

한국가곡작사가협회, 21세기한국교회음악연구협회, (사)한국수필가연대, '인사동시인들' 등에서 회장을 역임함.

오광자

아픔이 없이 피는 꽃은 없다

세상에 태어나 기쁨 슬픔 않고
아름다운 꽃으로 피어나고 싶었지만
아픔 슬픔 없이 쉬운 일은 하나도 없더라.

꽃 피우고 열매 맺을 날 기다리면 비바람 불고
소설 같은 시간들 평탄한 길만 있었겠냐만은

봄이 오면 꽃 피어주고 여름이면 매미 음악소리
가을이면 높고 파란 하늘 길 구름 같은 인생길

구름꽃 피어주는 아름다운 세상 날개 펴고
활짝 웃으면 꽃길만 걸어가면 좋으련만

울고 웃으면 잠시 쉬어가는 아름다운 세상
비바람 스쳐 지나가면 파란 하늘 길 열어주어

비가 오고 바람 불어오면 깊은 곳 상처 씻어 가면
강물 흘러흘러 바다가 되듯이 다 품고 가라하네

세월 속으로

세월 속에 묻힌 흔적들
바람 따라 가고 있어
아쉬움만 남는구나

이 자리에 아름답게
머물 줄만 알았는데
구름 속에 묻혀 가고 있네

바람 따라 구름 따라
가고 있는 소설 같은 시간들
기쁨 슬픔 품고 가야겠구나

용인대 회화학과 졸업. 동국대대학원 문화재 전공, 강촌예술공간 이사장, 한국문협 대외협력위원, 사)국제PEN한국본부・현대시협 이사

오문옥

강변의 둥지

금단산에 두둥실 솟아오르는 태양
한강을 건너 우리 집 거실로 찾아왔다.
어머니가 좋아하시던 채송화, 봉숭아, 백일홍
향기를 맡으며 꽃들과 입맞춤한다

넓은 거실을 지나 부엌 창문까지
보송보송 햇살이 가득히 들어와
봄, 여름, 가을, 겨울
아침, 점심, 저녁, 밤
시간마다 다른 얼굴의 한강이
물비늘로 반짝거린다

밤이면 도봉산으로 숨어버리는 햇살
반짝반짝 별들과 달님이 기웃거린다
강 건너 아파트는 오색 등불로 꽃피우고
찰랑이는 밤 풍경 한강 리버사이드

올림픽 성화탑은 애달픈 그날을 못 잊는 듯
우두커니 일렁이는 한강물 위에 슬픔으로 서 있다.
123층 롯데 오색 보석탑은 도도하게 서 있고
줄줄이 이어 가는 차량행렬은
네덜란드에서 보았던 튜울립 같다
다이아몬드 반짝반짝 빛을 커고

달려오는 차들은 어디로 가는지

사방이 툭 트인 쾌적한 스카이라운지 같은
29층 집에서 바라보는 세상은
달빛에 젖은 아리아의 선율 솔베지송 바람에 흐르네
밤이면 별들은 좋은 꿈꾸라 웃는 인사
아침이면 베란다 꽃에 눈 맞춤 인사
베풀어 비워지는 사랑의 가슴으로 살라하네

시인 · 시낭송가. 한국신문예문학회 회원. 아태문인협회 윤리회원. 시집 다수

오선주

깨달음

할 일이 있어야 한다
의미가 있어야 한다
가치가 있어야 한다
인정받아야 한다
존경받아야 한다
남들처럼 건강 돈 사랑이 있어야 된다
꿈을 이루지 못하는 것은 부끄러운 일이다
왜들 허망한 생각 때문에
나를 고립시키고 나를 괴롭히는 것일까

벼랑에 선 듯
절망하는 것은 사치병
나를 움츠리게 하는 생각에 갇힌 자는
자기를 사는 것이 아니다

나
우주 속에
오직 하나뿐인 나를 살자
자연의 품은 하늘보다 더 넓더라

반짝이는 것들

내 약지에 낀 반지 속 돌은
햇볕을 받으면 눈부시게 빤짝이고

여울지는 강가에 서면
뛰노는 물고기 비늘이 빤짝이고

시골 논밭 길을 걷다가 황혼이 짙어지면
어두워진 산등성이에 별들이 빤짝이고

내 가슴에도 빤짝이는 것 하나
렉스야! 부르면
깃털을 휘날리며 뛰어오던 내 사랑 골든 리트리버
그의 등줄기에 황금빛 물결이 파도치며 빤짝였었다.

내 눈에
아롱진 그리움의 눈물이 빤짝인다.

시인・수필가・법학박사, 이화여대 법학과 졸업, 청주대학교 밥과대학 교수,
수필집 『나는 어디쯤에 있는가』 외

오연복

사랑의 날갯짓

새벽 물안개는
미혹迷惑이 아니라
구원救援의 속삭임이더라
허물을 허무는 누에고치더라

자오록한 먼동의 날갯짓은
경계境界를 경계警戒하지 않는
무상無想의 나들이
무애無碍의 차오름

자오선子午線 넘나드는 날갯짓은
허공에 띄우는 공허
잠연潛淵한 수행의 여정
우아한 해원解冤의 그림자

날갯짓으로 노염을 벗고
날갯짓으로 미움을 털고
날갯짓으로 불신을 벗고
날갯짓으로 욕망을 털고

산허리에 노을빛 감아 돌 때
그림자 긴 기러기나래 붓 삼아서
메마른 세상의 두루마리에

자비慈悲의 달빛수채화를 그려가노니

고단한 행적이 보시布施하여
깃털만큼 무수한, 지친 영혼들의 등짐이
깃털처럼 가벼워지리라
가없는 사랑으로, 사랑으로 날아오르리라

시인, 작사가, 시낭송가 샘터창작문예대학 강사, 샘터문학신문 취재본부장, 한국스토리문인협회, 천등문학회 이사, 가곡동인

오호현

가을 때문에

문득 잊고 지낸 사람이 생각이 나고
보고 싶어지는 건 가을이기 때문이다.

사랑도 아닌데 생각나는 사람
그립지 않았는데도 떠오르는 사람

코발트빛 하늘처럼 미소가 맑던
그가 보고 싶어지는 건 가을이기 때문이다.

오랫동안 가슴에서
꺼내지 못한 사람 떠오르는 그리움

왠지 가을 때문이라는 말
그대는 하지 말고
바람결에 잘 있다는
소식을 기다려 봅니다.

붉게 물들인 가을

시월의 마지막 주말
갈 낙엽이 홍엽 되어
하나 둘씩 땅의 친구가 되어가는
만연한 가을이건만

곧 11월이라 생각하니
어느 새 겨울이냐 싶다

긴 소매 옷 걸치고
맑고 시원한 공휴일에
친구들과 함께 만남이 있으니
참 좋은 날이다

저녁에는 가족과
외식을 하기 알맞은 가을의 청명함
기쁨과 사랑이 넘치는 행복한 날

고려대교육대학원 34기 회장, 샘터문학 부회장, 한국오씨대종친회 부총재, 고양시백석바르게살기 위원장, ㈜희망코리아 대표이사.

우영식

무제無題

청솔가지에 하현달이 걸리면
그대 어깨 너머로 흐르던 순간의 세월
유년의 사금파리처럼 빛나고
이순의 두터운 갈피에는
배꽃 같은 싸락눈이 겹겹으로 쌓인다

바닷가 모래알만큼
많은 사연들이 달빛 속을 가로질러
유성으로 빗금치며 은하세계에
눈물로 빚은 사랑탑하나
그대 떠난 자리엔
회오리바람만 소란하고
을씨년스런 마음밭엔 서리만 쌓인다

사암에서

비포장길을 먼지 일으키며
돌고 돌아 벽산재 넘어서 온 길
바람이 일렁일 때마다 억새풀의 세레나데
모래와 바위마저 움츠리게 한다

뫼가 천지와 맞닿아
그은 굴곡 너머
사부가 머무시는 곳

벽지노선 버스 덜커덩 소리
낮달 벗 삼아 굽이굽이 돌아가고
누이의 명경 같은 실개천은 사암을 품고
도심을 비켜선 가재를 토해낸다

에덴의 숨결소리
창세기의 신비를 잉태하는 곳
명상에 잠겨 시간가는 줄 모른다

아태문협 윤리위원. 신문예 지도위원. 청탑문학회장. 영덕문인협회 감사. 에스프리본
상·문화상수상. 영덕읍교회 장로

유중관

마음의 상처

몸의 상처는
수술로 고칠 수 있지만
마음의 상처는
고쳐지지 않는다

가슴속 깊숙이 박혀 있는
연민의 조각
시간이 흘러도
지워지지 않는다

잊으려 하면
더 생생하게
가슴을 후비니
어이할 것인가

하루치의 즐거움

마음이 뒤숭숭하여 배낭을 메고 나왔다
출근하는 사람들 비좁은 틈바구니
눈치가 보이지만 일상이 다른 것을 어쩌랴

지하철에서 내려 건널목에 이르니
알록달록 예쁜 사람꽃들
행복의 파랑새를 주고 받으며
하루치의 즐거움을 당겨서 참새처럼 조잘거린다

등산로에 들어서니
청류계곡의 물소리 청아하고
몸을 숙여 절하는 노송 햇살 가득 바르고
흔들흔들 춤을 추며 손을 내민다

산에 취해 물에 취해
휘파람 불며 정든 사람들과
산을 음미해 가면서 여유롭게 흙을 밟으니
어머니 가슴처럼 부드러운 기분 상쾌하다

한국문협 회원, 신문예문학회 시분과위원장, 아태문협 부이사장, 제6회 월파문학상 본상, 시집 『물같이바람같이』 외 다수

유 형

원

그저 고요할 뿐이다

순응하고 순응하여 원이 되었다

할 수 있는 건
구르는 일밖에

겨우 낮은 구릉 하나 넘었을 뿐인데
더 구를 생각이 없다

돼지 잡는 날

453원짜리 황금돼지 저금통은 입춘대길이다
100원짜리 웃음도 마냥 행복할 수 있는 건
용한 하느님이 배려를 하셨기 때문이다
천사를 닮은 그녀의 심성이다

돈을 쫓는 돼지 한 마리 집에서 키우느라
손톱 밑에 때가 끼도록 바닥을 긁고 다녀도
만지작만지작 돼지는 행복한 꿈을 꾸며 배가 불러왔다
별일 없이 지나갈 날 식구들이 모여 모의작당을 하다가
손이 가려운 날을 골라 돼지 배를 갈랐다
행복하게 죽는 돼지의 살신성인으로 잔치가 벌어졌다
그날 부자가 되었다

1955년 대구生. 한국문협·한국현대시협 회원. 한국신문예문학회 지도위원, 아태문협 윤리위원. 시집 『월막』 외 3권

윤혜정

미안합니다

당신 곁에 늘 있지만
같은 길을 갈 수 없어 미안합니다

당신 눈 속에 살고 있지만
늘 외로움에 아파해서 미안합니다

당신을 가슴에 묻어두고
꺼내 볼 수 없어서 미안합니다

그리움이 더해 모든 게 미워질 때도
당신을 놓지 못해 미안합니다

모든 걸 내려 놓아야하는 지금
울음밖에 터트릴 수 없어서 정말 미안합니다

비 오는 날엔

이렇게 비가 내리는 날엔
이렇게 바람이 부는 날엔
당신 생각에
나는 비가 되고 바람이 됩니다
당신 창가의 흐르는 빗물은
내가 보내드린 눈물입니다
바람이 전해주는 당신의 소식
조심조심 귓속말로 물어보네요
잘 지내고 있냐고
내 생각은 하고 있냐고
이렇게 비 내리는 날엔
당신이 보고 싶어진다고
당신이 한없이 그리워진다고
당신께 전해 달라 떼를 쓰네요

한국가곡작사가협회 이사. 아태문인협회 부이사장. 한국신문예문학회 부회장.
시집 『너에게 하는 말』 외 다수. 롯데리아 문산점 대표

이강흥

나의 행복론

아침에 일어나 눈을 뜰 수 있다는 것이
살아 있다는 나의 행복이고
아침에 일어나 하루를 계획하는 것이
나의 또 다른 행복이라면
누구를 만나고 헤어지며 누구를 사랑하고
그리움에 하루해가 쉽게 가지만
하루는 어차피 즐겁게 가고 있다는 것이
나의 진정한 삶의 행복이다
그 속에서도
사랑하는 사람을 생각하며
보고 싶다는 말 한 마디
전화나 문자로 보낼 수 있다는 것이
나의 큰 행복인지라.

아무것도 아니라네

오늘 슬퍼도
내일은 희망이 올지도 모른다

왜냐고 묻는다면
세상이 보여준 오늘은 비록
내 인생의 마지막인 것처럼 허무해도

내일은 희망 속에 오늘처럼 볼 수
있을지도 모르기 때문에
아무것도 아니라네

오늘은 내일을 기다리며
내일은 또다시 오늘이 되겠지 하는 맘
이처럼 세상사 아무것도 아니라네

어느 삶이 강물처럼만 흐른다면
그 세월을 누가 아쉽다 하겠는가
아무것도 아니라네

전남 보성 출생. 서강대학교 공공정책대학원 졸업. 1996년 월간 《한맥문학》으로 등단.
저서 『바람이 스치고 간 흔적』 외 다수

이근우

도시락 사랑

덜거덕덜거덕
가방 속 도시락 안에서
아내가 새벽에 심어 둔 사랑이
싹트는 소리가 요란하다.

집에서 먹는 밥보다
더 꿀 같은 도시락
아내가 넣어 둔 사랑이
요술을 부렸나 보다.

저녁이면 싹싹 비운
도시락에서 가득 자란 사랑이
고단한 아내 품으로
와르르 쏟아진다.

아버지와 술

아버지는 약주를 안 하였다.
아니 못하였다.
다섯 남매가 목구멍에 걸렸을 게다.

그래도 명절 때 외갓집에선
쓴 술을 서너 잔은
눈 꼭 감고 넘기었다.
화들짝 놀란 빈속은
불붙은 전선처럼 타들어 갔을 게다.

내가 주저앉지 않고
어렵게 학교를 마쳤을 때
남모르게 아버지의 눈시울이
붉어지는 것을 보기 전까지
나는 아버지가
눈물도 없는 줄 알았다.

시인・수필가.한국문협 전통문학연구위원회 위원.
시집 『구름과 더불어 경계 없이』 수필집 『왼손의 영혼을 깨우다』

이기영

봄날에

봄바람이 고요한 밤을 건드리면
나도 잠들지 못하고 서성인다

아무도 없는 골목길 혼자 걸으며
오늘을 뒤돌아보며 내일을 생각한다

피곤한 세상에서 삶의 끈을 놓지 않고
살아내기 위해 발버둥치는 사람들

강 건너 내 친구를 볼 때마다
내 모습이 그러하지 않을까 생각하며

우리 인생에 있어서 다시 봄날은 올까

강변에서

젊음을 불사르며 오르내리던 영산강변
친구들과 자전거를 타고
재미나는 추억을 많이도 쌓았지

그날들이 생각나 다시 찾았지만
옛 모습은 사라지고
하염없이 강물만 흘러가네

줄줄이 이어지는 새떼들
나를 알아보지 못하고
인기척에 놀라 나를 멀리하는지
시간이 가면 모두가 잊혀지는가

인류문학회 부회장, 한국가곡작사가협회 이사, 아태문인협회 윤리위원, 한국신문예
문학회 지도위원

이난오

그리움의 형벌

철새들의 메아리 소리 들을 수 없는 오월
나를 두고 야속하게 떠난 너는
하나의 별이 되었는지 나만의 공간에서
하나 둘 창틈으로 빠져나가는
인연들을 붙잡지 못해
내 쉬는 한숨소리 땅 밑으로 추락한다
송골매처럼 씩씩하게 하늘 높이 날아오르던
너는, 정말 뜻밖의 일이었다
어디로 숨어버린 거니
날 새는 줄 모르는 아픔의 긴 시간
귀를 크게 세워 봐도 너의 목소리 들을 수 없다
큰 소리로 외쳐 봐도 대답 없는
너를 찾아 헤매이는 밤낮
시공을 초월한 돌탑을 맴돌다
너를 만날까 잠자리에 든다.
포기하지 않는다

아우라지 나루터엔
못다한 이야기들이
아리랑 노래로 풀어낸다
한 풀지 못해 피눈물로 맺혔다가 녹아내려
강물이 되어 바다로 흘러가지만
바위에 부딪치고

거센 물살에 떠밀려 몸부림치며
목적지도 모르고 흘러간다
긴 세월 홀로 앓으며 견디는 일들
저 혼자 겪는 일 아닌 것
우리 살아내야 하는 운명
몸이 아프면 병원가고
마음이 아프면 시를 쓰다가
견딜 수 없이 고통스런 날이면
나홀로 여행을 떠난다.

국제PEN문학 회원, 한국문인협회 문인저작권 옹호위원
청시동인회 이사, 마포문인협회 이사, 예술시대작가회 회원

이돈배

샛별

가난한 자 쉽게
잠들어도

부유한 자 잠 못 이뤄
뒤척이나니

가난이 죄라고
원망하지 말게

잠이 깊어야
뜨는 샛별

인력시장

배회하는 흙먼지 달그림자
비 오는 날 우산을 접은
맨발로 껴안은 삶

빈 병 꽃봉오리 가슴 안고
하수구 냄새 같은
시들지 않은 얼얼한 꽃잎들

어둠 깃든 들꽃
비틀거리는 사랑을 하고
날게 펼친 밤거미 실 나르는

노란 선 따라 지네 가족
조심스럽게 길 건너는데
새벽을 배웅하는 밤
지친 가로등, 떠나간 골목길

한국문인탄생100주년기념사업회 위원. 한국현대시인협회 회원.
시집 『유형열차』 외, 평론집 다수

이명희

존재

나무 사이로 보이는 하늘은 더 푸르다
낙엽을 거니는 참새 한 마리
후두둑 떨어지는 홀연한 빗방울, 날래게
새가 창가로 날아든다. 민첩한 눈빛.
방향 모색이 뜬다. "어디로 가야 하나"
색깔을 변주하는 나뭇잎. 길은 지워지고
아, 가을 숲!
문득 꽂히는 한줄기 금빛, 그
줄을 타고 날아오르는 그 반사하는 생명력
존재는 길이다.

짐

어린양에게
무거운 짐 지우고

피리만 부는
사람아!

풀이 마르고
강물이 타도

하늘 뜻을
모르는 사람아

우레가 우는 날
보라!
하나님의 눈물을~

아, 세상 죄를 지고 가는
어린양이여!

한양대 신문학과 졸업. 한국여성문학 이사. 서울YWCA 인사부위원장. 윤병로문학상
시집 『시간 위에 서서』, 수필집 『행복한 오후』 외

이미옥

몽돌

거친 파도가 쓸고 가도
내색없이 미소를 보내며
아픈 속내를 어루만진다

바닷가 길게 누운 미역 한줄기 벗 삼고
매끄러운 속살에 스미는 햇빛에
나의 볼이 발그레 하다

곱게 앉은 몽돌은 평온하기만 하는데
파도는 아직도 화가 났나
큰소리로 처얼썩거리며 서 있다.

파도 따라 구르고 구르니 모난데 없고
매끄럽고 고운 모습 어머니 품속이다

잃어버린 오늘

나비가 되어 텅 비어버린 벌판을 날아다닌다
창공에 작은 성 하나 지어놓고 그곳이 집이란다
구름 속을 날아가도 채워도 채워지지 않은 듯
시간을 잃어버리고 하얗게 굳어버린 생각들이
어제를 오늘로 살아가고
붉은 꽃이라 하여도 나비는
결코 붉은 꽃이 아니라 할지라도
한달도 살지 못하고 시들어 가도
그 꽃을 예쁘다고 말하겠지
간신히 지탱하고 앉아 달콤한 꿀을 빨 때
그 맛이 달다고 말하려는가
머 언 옛날이 오늘이 되어버린지 오래
수꾹새 수꾹수꾹 새 노래 소리라 말했지만
날아가는 까마귀가 왜 검은빛인지
나비는 하얗게만 느껴지는데
웃는 것도 우는 것도 과거의 삶
가엾은 팔십둘의 내 어머니
기억을 더듬어 오늘을 살고
기억을 지우며 내일을 맞이하고 있다

한국가곡작사가협회 문화담당이사. 아태문협 부이사장. 한국신문예문학회 지도위원
・세종문학회원, 이목회・인사동시인들 동인.

이민숙

번지 없는 사랑

모두를 사랑하다
단 한사람 사랑은 받지 못했다

한 사람만 사랑하다
모두를 놓쳐버렸다

고 참!
붉은 진달래가 고와서
한참을 보았는데
노란 개나리는 더 곱고
하얀 목련은 왜 또 이리 고울까

보는 꽃송이마다 너무나 고와서
한참을 보았지만, 말은 할 수 없다.
요동치는 마음으로 내뱉은 말은
거짓말이 될 게 뻔했기 때문이다

한꺼번에 피었다 지는 꽃송이
누구도 남아 있지 않고
화무십일홍 되어 떠났다

뒤돌아 오는 길
영원한 푸른빛 난이 거기 있었다.

손바닥을 펼쳐보자

꽉 잡은 주먹을 펼쳐보니
손가락 사이로
빠져버린 모래알처럼
남아있는 것이 별로 없다

손바닥을 펼치면 모두가
날아갈까 꼭 쥐고 있었지만
손바닥을 반쯤 펼쳐놓으니
오목한 손바닥에 평안부터 쌓인다

놓치지 않으려
강하게 당긴 고무줄이
툭 끊어진다
손바닥을 펼치듯 반쯤 놓아주자

한국신문예문학회 지도위원, 아태문인협회윤리위원. 한국가곡작사가협회 이사.
시집 『돌꽃처럼』 외 황진이문학상수상

이범동

老年에 품위 있는 삶

田園에서 텃밭을 가꿀 때
자연풍경에 심취해 하루해가 즐겁고
이웃과 정을 나눌 때 삶의 질이 향상 된다

 살다보니
일이 잘 풀릴 때도 있고
또 잘 풀리지 않을 때도 있다
그러나 그 모든 것 노력이 해결하더라

그리움은 나이처럼 오는가 봐

흙내음 신선한 들판
산과 들 자연의 푸른 초원은
아름다운 고향의 향수다 그래서
보랏빛 그리움도 나이처럼 오는가 봐
기나긴 세월 속에
순수한 삶의 참 모습 그대로
평안한 내 가슴에 그리움을 싹 틔우고
노을져가는 인생길
곱게 나래를 펴 마음의 고향에
지난날의 추억을 생각하며 향수에 젖은
여린 삶 속에서 그리움도 성장하는가 봐
한때, 마음의 여유도 없이
바쁜 삶의 여정餘情 길을 걸으며
애틋했던 인생의 풍경을 갈댓잎에 새겨보고
빙글빙글 돌아가는 세상
고독이 사무치는 연민의 흔적들
저 푸르른 바다 수평선 너머로
갈바람에 실어 보내니 영근 그리움이 출렁인다.

한국문인협회.회원. 아태문협 이사. 한국신문예문학회 윤리위원 시학시마을 회원.
현)공인중개사. 공저 『시간의 곳간』 외,

이병두

국군수도병원(성남)

양지바른 명당
수림으로 둘러싸여
산정기 품어주는 곳

대한민국지킴이 들
질병과 부상 시
평안히 치료받는 곳

의료진 몇 사람 바뀌면
고양이 목사리의
방울단 것 같으련만

국군의무사령부감찰실
캥거루 제 새끼 품듯
그 나물에 그 밥이라

환자와 가족
앙가슴 치게 하니
오뉴월에도 서리 내리겠다.

* 2012년 큰아들 국가유공자 되기 전 치료 중에.

노인 2

누가
늙기를 원할까
하늘섭리 피할 순 없다

면목面目동 실개천
이문耳門동 자동개폐
두발頭髮산동 비행장

맷돌 떠나간 자리
보철이 새 주인 되어
입맛밥맛 불평한다.

꿈에 본 몽금포에
백사, 청송, 해당화(3합)
낙조落照가 서글퍼진다.

한국문인협회 회원. 한국가곡작사가협회 이사. 한국신문예문학회 지도위원. 아태문협 윤리위원

이복자

소리 속의 나는

돌은 물을 만나면 물소리를 내준다.
물소리에는 돌의 무게가 있고

나무가 바람을 만나면 바람소리를 낸다.
바람소리에는 나무 무게가 있고

파도가 모래밭을 거니는 소리도 좋고
피아노가 노래를 돕는 소리도 좋고

사람과 사람이 말소리를 내는
소리 속의 나, 무게는
좋은 사람쪽으로 가울고 있는지

됨됨이가 좋다고
만난 누군가가 겨냥이나 하고 있는지

엊그제 무심코 뱉은 싫은 소리 하나,
밀어낸다. 가볍게 저만큼

여울

스킨십이 샘난다
금빛 자갈은 여전히 익는 중, 빛난다

마중과 배웅이 아울려
소용돌이도 쉽게 풀려가는

삶은 그저 순탄하면 행복이라고
햇빛도 평안을 투여하는 흐름의 목

모난 성질 스스로 낮추어 맑은
소리조차 사리랑 사리랑, 사랑이다.

국제펜한국본 부회원, 한국문협 평생교육위원, 한국현대시협 자문위원, 한국동시문학회 부회장, 김기림문학상, 대한민국동요 대상 외

이석곡

갈참나무 숲에서

바위 틈 사이에 숨어있는
얼음왕국의 하얀 지붕이 작아지며

꼭꼭 숨어있던 겨울은
조금씩 마음을 풀기 시작한다

돌돌돌 계곡물이 찾아와 노크하면
벌써 봄이 왔나보다 문을 연다

갈참나무 숲으로 꽃샘바람 먼저 들어서면
너의 왕국은 완전히 무너지고 만다

초인

꽃이 피면 꽃이 되고
새가 울면 새가 되었네

싯다르타를 그리워하고
데미안을 사랑하였네

하늘은 높고 바람은 부드러워
말은 깊고 침묵은 넓었네

자연이 되어 우주를 바라보네
빛과 같은 삶을 살고 싶었네

한국신문예문학회 부회장. 한국문협 회원. 아태문협 윤리위원장. 이목회 동인, 황희
·탐미문학상 수상. 장편소설집 『선녀에게 바람난 뻐꾸기』 외. 시집 『전원교향곡』 외

이성남

삼독三毒

가질 수조차 없는 허깨비다
자꾸만 끌린다
탐하는 마음 첫째 독이다

안을 수조차 없는 그림자다
자꾸만 가두고 싶다
노여운 마음 두 번째 독이다

정녕 내 안에 들여 와
옹근 하나이고 싶다
어리석은 마음 셋째 독이다

초로에 님을 화두話頭로
내 서러운 영혼 앞세워
탐貪. 진瞋. 치痴를 깨리라.

오미자 연리지

당신 향한 설레임
석양보다 붉어라

흥건한 한여름 열기 따위
무릎 꿇지 않아

나는 생명 휘젓는 피톨(phytol)*
까치발로 살금살금

거기 있을 당신께
빨간 깃발 꽂을 거야.

* 혈장 속에 떠다니는 세포.

한국문협 저작권위원. 국제펜한국 회원. 현대시협 이사. 농민문학이사. 서문협 자문위원 외 시집 『새벽창가에 서다』 외 다수

이영린

돼지와 여왕벌

옛날 옛날부터 깊은 계곡
높은 산속에
돼지와 여왕벌이 살았다
사랑의 화신
사랑의 투사는
순결한 사랑의 피
고결한 사랑의 독침을 철야 먹으며 살았다
야망의 끝
생명의 끝에서
불멸의 사랑을 위해
불멸의 새생명을 위해 기도하며

돼지와 파리

복동아 옥동아
금동아 은동아
오늘 식사는 맛있는 구더기 구정물이다
구더기가 선물한 기생충 고기도 있다
옥동이 생일이라 하늘 땅 바다 해일
천둥 번개가 축복의 춤을 추고
해를 불러 무지개 천사가 성배를 따른다
10년 100년 1000년 후 육체미 대회에 1등하여
10번 100번 1000번 새로 탄생한 새옥동자 새금동자
새은동자 모두 모두 천하장사로 다시 탄생하여
지구촌 끝까지 황금박 초대장을
파리처럼 맛있는 고기식사 초대장을 뿌려야지.

시인. 한단시 동인회장 역임, 전국공무원문학협회 · 해공회 · 한국문협 · 아태문인협회
· 한국시낭송회 회원, 자유문학상 수상.

이영순

인생의 길을 묻다

힘들다고 포기하지 마라
아침에 해가 뜨면 밤이 오더라
살다 보면 뜨는 해 속에
몸살 나게 행복하다가도
돌부리에 걸려 넘어지기도 하고
개똥도 밟을 때가 있더라
그렇게 살아가는 게
누구라도 우리네 삶이더라

생각도 마음도
깊어지고 넓어지는가 하면
이미 힘없는 늙은이가 되고
고샅길에
마실 나온 바람에게
또다시 길을 묻는 게
우리들 인생이 아닌가.

우린

상한 마음은
마귀가 조롱하는 것
기쁜 마음은
천사가 주는 선물
기도하면 상한마음
그 또한 물러갈 것이라 믿고
나는 이럴 때도 저럴 때도 기도한다

세상은 어둠이 오면
반드시 새벽이 온다
머물다 가는 세상

사랑할 권리 속에
가끔은 꽃구름인줄 알고
타고 보니
왠걸
놀다보니 먹구름도 있더라.
그래도 속았다고 슬퍼말고
우리는 언제나 사랑해야 사는 세상이 아닌가,

시인·수필가, 담쟁이문학회 회장. 한국문협 육성교류위원. 한국현대시인협회·국제PEN·은평문협 이사. 시집 『민들레 홀씨 되어』 외

이영애

입원실

"어떻게 왔니?"
찔레꽃 향기 풍기는 엄마 얼굴에
검버섯 꽃이 피었다

소복이 굽은 등 쇠잔한 어깨 위로
색종이 별 되어 떨어진다

정토에서 살고 싶다던 엄마
황하수 모래 위를
백마 타고 무지로 달린다

폭풍아 진눈깨비야 멈춰라
저 멀리 지평선 넘어 하얀 배 노 젓고 있다

고뇌

가을 산이 횃불을 들었다
오색 깃발과 전단지를 뿌린다

낙엽들이 가로수 밑에 모여서 웅성거린다
바퀴에 깔려 노랗게 질린 은행잎
열병에 시달리다 투신하는 빨간 단풍
그 위를 무심히 밟고 가는 사람들

시몬, 너는 좋으냐 낙엽 밟는 소리가

로댕은 대답을 하지 못하고 고뇌한다

시인·화가. 국민대행정대학원 졸업. 대한민국공무원미술협회 부회장. 한국문인협회 회원. 시집 『미명을 깨고』

이인애

흰 눈 내린 새벽길

하얀눈 소복이 쌓인 새벽길
모두 다 잠이 들어 고요한 밤
새하얀 캔버스에 펼쳐지는
내 젊은 날의 초라한 자화상

한껏 퍼내도 끝없는 갈망에
고갈되지 않을 상념의 심해
무모한 욕망에 추락한 나날
겨울 숲에 가둔 미명의 새벽

내 인생의 오점을 새하얗게
눈 속에 가리고 다시 서리라
오수가 정화되어 아름다운
육각의 눈꽃 되어 흩날리듯

고목

저 노쇠한 고목은
바람이 전하는 천년의
애화를 벙어리 되어
수백 년간 지켜왔다

인간지사 변화무쌍함
탓이던가 늙은 나무의
고고한 정기를 산산이
흩어놓았구나

유구한 세월의 허망함이
배여 바스러진 잔해가
심히 애잔하고 안쓰럽다

하물며 백 년도 못사는
우리네 인생의 가벼움을
어이 견줄 수 있으랴

인천 출생. 시인. 한국신문예문학회 이사. 아태문인협회 이사. 송아리문학회 운영이사

이자야

사랑 2

사랑에는 길이 없다
나가다가 들어오고
들어오다 닫히는
마술 문이 자리 잡아

사랑은 스치는 바람 같아
볼 수가 없고
만질 수도 없어
사랑은 그저 주고받고

그렇게 다스리며 걸어가는
좁은 길이고
돌아볼 수 없는 길이라
사랑에는 길이 없다

길 16

길 위에 길이 있고
길 아래 길이 있다

꺾여서도 길이 있고
돌아가도 길이 있다

있는 길을 누구나 걷는다
허지만 어쩌랴

저마다 걷는 그 길이
사실은 길이 아닌 것을

그래 걷고 있는 이 길이
정녕 나의 길은 아니다

한국문협 상임편집위원, 국제펜 심위위원, 〈수필문학〉 편집국장, 시집·수필집·소설집 다수

이정님

그녀와 함께 춤을

인어 같은 그녀의 벗은 발이
하얗게 빛나는 모래 위에서

사뿐사뿐 그녀가 밟고 간 발자국따라
새들이 부리로 콕콕 사랑이 심어지는 해변에서
수밀도처럼 달콤한 그녀의 향기 속에 춤을 추자

뽀얀 그녀의 목덜미에
하얀 별빛이 쏟아지고
하얀 달빛이 쏟아지고
파도의 현鉉을 타며 율律을 타며
밤이 하얘지도록 춤을 추자
박拍이 지쳐 스러지기까지

자목련 지던 날

방글거리던 저 송이들이
지그시 깨문 혀에
짜릿한 향기를 물고 있던 저 풍성한 송이들이
핀다 라는 단 한 가지 소망으로
자주빛 순연한 꿈을 가꾸던 송이들이
송이 송이들이
아 그 풍만한 자주빛 그 꿈들이

피면 반드시 져야한다는
당연한 이치도 깨우치지 못한 체
핀다 에만 몰두한 나머지
몸을 열어 보인 그날
바로 그날 씨방에 담긴 심장
만지면 으스러질 것만 같던 그 열정
바라보기조차 안타깝도록 순결한
그 순정을 어루만지려다 들켜버리고는
너보다 내가 먼저 무너져
이렇게 이슬로 맺히고 있다

88년 월간아동문학·시조생활로 등단. 정부주관 통일문학 대상, 세계계관시인 평화 대상 외, 시집 『어쩌다 여기까지』 외

이정록

못 말리는 사랑

뻥 뚫린 가슴에
벙글은 미소 하나 포갰더니
달덩이가 되었어

허전한 달덩이 가슴에
넘실거리는 볼우물 하나 포갰더니
호수가 되었어

호수에 잠긴 달덩이
달콤한 입술 하나 포갰더니
달꽃이 피었어

헐, 그런데 정말 못말리겠어
호수에 핀 달꽃, 네 얼굴인 거 있지

이를 어쩌지
우리의 못말리는 사랑을

나침판

우리는 인생을 살면서
변해야 할 것들이 있습니다
이념적인 습관처럼 반복되는 실수나
자신이 잘 알고 있는 단점입니다

우리는 인생을 살면서
잊지 말아야 할 것들이 있습니다
가장 힘들었던 시간에 도움을 주던 사람들과
힘이 되어주는 사회적 제도들에 대해
늘 감사하는 마음과
낮은 자세의 겸손한 마음입니다

우리는 인생을 살면서
가록해야 할 것들이 있습니다
가장 춥고 어둡고 고통스러울 때에
자신과 했던 약속들을
피눈물을 찍어 기록해야 합니다

샘터문학회장. 샘터문예대학 석좌교수 .샘터문학신문 발행인. 한국문학상 수상(해외). 일본국제동양화전 특선수상. 국가인물대사전 등재.

이제우

동으로 가자

해맞이 나라로 나아가는
동으로 가자.
갓맑은 햇살 희열의 물무늬를 일구어
역사의 귀울음을 재우려 가자.

바다로 걸어 들어가 독도를 받쳐 올리고
백두에서 한라의 대공을 우러러
차마 못 잊힐 일들은
바닷물을 잉크삼아 풀어 쓰자,

반만년을 순명한 한민족
동으로 동녘으로
지축을 빼 들고 나아가자
물먹은 별들과도 어깨 겯고
백의의 혼맥으로 서광을 맞이하자.

피가 몰린 한반도의 허리를 푸는
의로운 자리를 만들어
청자의 하늘을 열어가자.
동해로 나아가는 파도의 하얀 외침
고난을 넘어선 비말에 흠뻑 젖어보자.

각시붓꽃

잎 빗어
꽃을 그려
목숨 한 벌 켜 놓고
헐거운
산 그림자
꺾어 신고 나서지만
산자락
살몃 걸치는
꽃빛 겨워
멈ㅁ칫 한다
초록에
갇힌 걸음
어깨 접고 겉돌더니
마음을
곧게 세워
붓대 잡고 떨다가는
밭은 숨
비백의 자리
점만 치고
시드네

서라벌예대 문창과 졸업, 서라벌 문학상으로 등단, 월간 <유심> 시로 등단, 한국신문예문학회 자문위원. 아태문협 지도위원

이종규

철새의 자유

자유로를 달리면
어김없이 마중하는 철새들

하늘 저 멀리
구슬픈 소리가 날아가며
노을빛 속을 물들인다

그들의 날개에는
구슬픔 속에 떠남의 기쁨이 있고
황홀한 사무침도 있다

답답한 결여가
임진강 북녘을 바라보며
저무는 하늘로 자유를 외친다

무구한 민족의 영혼은
오랜 축복을 암시하며
희망의 날개로 자라고 있다.

이별하는 가을

얄미운 갈등이
파란 하늘을 쳐다보며
흔들리는 마음을 다독인다

허공으로 번져 가는
무성했던 푸른 열정이
그리움의 터널 앞에 서성이고

지친 발걸음에
떨리는 숨결의 은행잎이
하나둘씩 흩날린다

쓸쓸한 길목에서
석양을 품은 아픈 이별은
벅찬 내일의 인연을 만들지만

아직 모습은 그대로인데
젊은 가슴 위로
붉은 노을이 쏟아져 내린다.

동국대 경영학과 졸업. 사)한국다선문인협회 운영위원. 청계문학회 사무국장,
시집 『바람의 고백』 외

이한현

가을밤의 꿈

활활 타는 가을밤
목마른 메아리의 꿈

분홍 흰꽃 사이에 절박한 숨결
사랑 미움 사이에 벌과 나비는

사랑하는 그대에게서 나는 꿈을 꾸고
나에게서 사랑하는 그대의 꿈을 꾸며

날마다 사랑꽃이 가슴에
곱게 피었으면 좋겠네.

치매 어르신과 만남

치매 어르신과의 만남을
넘치는 기쁨으로
옛날 일을 이야기하고

잊어버린 듯한
넘치는 사연을
웃음으로 이야기하고

우리 함께 동심으로 돌아가
모든 일들을
천진한 어르신이 되는 거야

웃음의 샘을 파고
기쁨이 있는 물을
우리 같이 마시어 보아요

한국음악저작권협회 회원, 한국가곡작사가협회 부회장, 한국신문예문학회 지도위원,
아태문협 윤리위원, 행복티뷰크재가복지센터 대표

임애월

완행의 계절

숨 가쁘게 달려오는
급행열차를 먼저 보내고
천천히 진입하는 완행을 탄다
초조한 시간들을 눈썹 끝에 매달고
급하게 누군가 떠나고 난 후
조금 여유로운 사람들이
신문을 읽거나
스마트폰을 보거나
짧은 졸음을 즐기는
오후 두시의 서울지하철
세상의 중심은 늘 급하게 돌아가지만
그 가장자리의 어느 한편엔
빠뜨리지 않고 하나하나 호명하는
정겨운 간이역의 이름들 위로
한가로운 계절의 향기가 지나가고
차창 밖 강물은 봄햇살에 긴 몸을 뒤튼다
서둘러 가버린 사람들이 놓쳐버린
구부러진 샛강 언덕의
키 작은 꽃들과 자잘한 꽃말들
대수롭지 않게 버려진 그 향내들을 따라
중심을 벗어난 변두리 한쪽이
오늘 환하게 봄빛을 켠다

지상낙원
- 봄

꽃은 生의 시작이고 또한 끝이다
지난 계절 혹독하게 상처 입은 목숨들은
이곳 산골마을로 몰려와 꽃을 피운다
까슬하고 메마른 시간을 딛고 봄빛 맑은 날
빛과 흙, 바람과 물의 기운을 빌려
자기만의 언어와 색깔로 말문을 연다
오랜 세월 어둠 속에 묻어두었던
실존의 기억들을 길어올린다
꽃을 보는 일은
누군가의 상처를 들여다보는 일이다
시간의 상처들이 너울대며 꽃무늬를 이룬다
그 무늬 속을 거슬러 통증의 파편들이 고여 있는
깊은 동면의 우물 속 두레박 끌어올리면
비로소 드러나는 지난 시절의 결핍들
너른 산맥의 빛 속에서 찬란해진다
어둠과 갈등의 먼 계절을 돌아와
오늘 기꺼이 하늘로 밀어 올리는
저 빛나는 꽃잎, 꽃잎들
이 봄
그대는 상처마저 당당하다

계간 『한국시학』 편집주간, 한국문인협회 이사. 경기PEN문학 대상, 한국시원시문학상 등 수상. 시집 『지상낙원』 등 4권.

임완근

AI 어린이

황금을 좇아가는
어린이가 살고 있는 AI 나라
그곳에 갔습니다.
잉태된 아기의 심장 박동소리가
고요해졌습니다.
지금은 어머니의 얘기를 듣는 시간입니다.
아가야, 엄마가 이렇게 힘들게 키우는데
공부 잘하고 대기업에 취업해서
엄마 호강시켜 줘야 해.
잘자라~
우리 아가 황금 아기……
재벌이나 국회의원 시장 의사 판사 교수가 되면
엄마가 더 행복하겠지.
아니다.
별 넷 장군이나
수만 명 모이는 교회의 목사님이 되어
불호령을 내리는 지도자가 되거라.
나는 기도 했다.
우리의 아기, 넓은 들판에
사계절 아름다운
꽃이 되어라.

노을

묵은 갈대 사이로
흐드러진 초록빛 봄이
지나가고
노을이 비껴가는
호수엔 황금빛 천국이
담겨 있습니다.
고요한 오솔길을 지나며
고난으로 얼룩졌던 날들이
생각났습니다.
고통의 긴 시간이
꿈과 희망을 찾아가는
통로라는 것과
그 길고 긴 시간속에
내가 살아 있는 것을
알았습니다.
기다리면 이루어지는
우리의 꿈은
호수를 닮았습니다.

한맥문학 2002년, 문예사조 2003년,
시집 『오마니 나의 오마니』 『꿈꾸는 숲이야기』 외

임하초

코스모스

친구랑 볼 때도 예뻤다
아버지랑 볼 땐 더 예쁘다

가을이 오면
코스모스가 정말 보고 싶다

비번

좋은 곳 드뎌 갔구나
동행한 사람은 있는 거지?
그곳을 미리 알려줘서 다행이야
비번 문 열 때 한 번에 잘 해야 돼

혼자 가는 것은 아니지?
오늘 만난 가을 햇살이 참 좋아
길 떠난 너에게 덧없이 좋은 날이야
하늘이 너무 높아서 그렇긴 하다

온유한 바람과 선명한 노래가 흐뭇하게
가벼운 몸으로 시냇가를 거늘며
오래지 않아 돌아올 친구를 기다리는
너의 한가한 모습 그려본다

열두 가지 과일을 함께 맛볼 날
나도 기다린다
비번 알고 있으니 걱정 마

한국수필 신인상, 월간시see 추천시인 당선, 국제펜클럽한국본부·한국문협 회원, 서울시인협회 사무차장, 시집 『영혼까지 따뜻한 하늘 우러러보다』

장인수

아름다운 긍정

세상을 아름답게 살다가
지구를 떠난 영혼은
별이 되었습니다.
초롱초롱, 수많은 별 들 사이로
점 하나를 찍었습니다.

이른 봄날 겨울을 뚫고
쏘옥쏘옥 머리를 내미는 새싹들
흘러가는 구름 한 점, 부는 바람,
하얀 파도, 천둥 번개, 눈과 비
모두가 긍정입니다.

굴곡의 세월은 더욱 아름답습니다.
소중한 당신의 따뜻한 눈빛은
밤하늘 무수한 별들 중 하나가 되기 위한
아름다운 긍정의 출발입니다.

무신론자

어느 날
신께서 별을 헤치고 세상에 내려와
칠흑 같은 어둠 속
갈대의 흔들림을 조용히 지켜봅니다
바람 때문이라고 변명을 털어놔도
그저 웃고 계실 뿐

신께서는
장밋빛 긴 손가락으로 어둠을 헤치고
한 줄기 거룩한 빛을 물고 나타나
우주를 감싸 안은 한없는 사랑으로
흔들리는 갈대밭
수많은 상념들을 헤아리며
믿으라 속삭이십니다

한국문인협회 회원. 한국방송통신대학교 교육학과, 국어국문학과 졸업. 현)강릉시청 근무. 시집 『아름다운 긍정』

장해익

빨래

바람피운 서방님
새 옷으로 갈아입고
사랑채로 나가자
심통난 새 아씨
서답거리 광주리에 이고
빨래터로 나간다

빨랫감을 아니 헹구고
빨래 방망이
내려치며 분풀이를 한다
땟물이 빠지면서 마음이 후련해온다

저녁 무렵 다담이돌 앞당겨
빨랫감 마무리하고
후정으로 나선 여심
솟아오른 백중 달에
달맞이꽃이 쌩긋
강아지는 무엇이 좋아
이리저리 빙글빙글

누가 부부싸움 칼로 물베기라 했나
님 찾는 이심전심
사랑의 갈등

그 미운정 어디로 갔나
고운정이 흘러넘쳐
이 밤이 깊어만 간다

대한민국문예진흥 문학대상, 고려대학교 교수 역임. 안중근의사상 수상. 현)한국신문
예문학회 명예회장. 수필집 『아름다운 만남』『100원짜리 인생』외,

전 민

용서

나에게 상처를 준 사람을 용서함은
단지 그를 받아들이는 것만이 아니고
그를 향하던 원망과 증오의 질긴 끈을
연줄처럼 끊어 하늘로 날리는 노력이다
나이가 들수록 용서할 줄 알아야 한다

다른 사람과 온 사물들을 고귀하게 보는
착한 눈과 가슴이 따뜻한 사람의 마음은
나이가 들면 들수록 꽃보다 향기롭지만
자신만의 영역에만 온 신경을 쓴 사람은
세월이 가면 갈수록 작아 보여 멀어진다.

즐거운 고통

동네 시냇가에 사는 붕어는
수천 개의 많은 알을 낳지만
더 거칠고 위엄한 강으로 나가면
생존에 대비해 만여 개의 알을 낳는다

어항 속에 사는 열대어는
동족끼리 어울려 살아가라 하면
며칠 못가 종족이 괴멸돼 가지만
천적을 넣으니 싸우며 더 잘 산다

호두와 밤은 서로 자주 부딪혀야
튼실한 열매로 가을 수확에 확답하고
마늘은 독한 혹한을 견디고 나서야
본래의 똑 쏘는 자신의 맛을 선사한다.

공주교대, 충남대 교육대학원 졸업. 한국현대시인협회 부이사장. 국제펜문학 한국본부 이사. 시집 『도망친 암소』 외 다수

전산우

친구

세월이 은은한 병풍과 같아
펼치면 마음이 향기롭고
행여 그 몸에 상처라도 나면
제 몸이 구석구석 아파지고
비바람 휘몰아칠 때면
단숨에 달려가 바람막이가 되고
볕이 너무 뜨거울 때면
손잡아 느티나무 그늘로 안내하고
아무리 멀리 떨어져 있어도
꽃길 호수 속 풍경처럼
희희낙락 가슴에 끌어안고
구태여 말로 하지 않아도
눈길 하나만으로
벌써 통하는 사이.

산에게 감사하네

산에게 감사하네
마음에 번진 그늘을 씻어주던 숲에게
등정의 기쁨을 안겨주던 산봉우리에게
환한 얼굴로 웃어주던 꽃들에게
아플 때나 슬플 때
하소연할 곳 마땅치 않아 찾아가면
다정한 손길로 어루만지던 산바람에게
몸과 마음 휘청거려
기댈 곳 없을 때
듬직한 등을 내어주던 나무에게
이유를 모르게 우울할 때
명랑한 노래를 들려주던 산새들에게
나는 한없이 감사하네
오늘은 황혼을 불러 어둠이 오고
어둠은 별빛을 불러 다시 아침이 오고
날이 가고 달이 가고 세월이 가도
나를 기다려 주는 무던한 산에게
나는 참으로 감사하네

詩山문학작가회 회장 역임, 한국가곡작사가협회 수석부회장. 한국신문예문학회 자문
위원, 시선집 『산속을 걸었더니』 외

전영모

벤치

발길이 뜸한 늦은 오후
들풀에 둘러싸인 빈 벤치
수많은 밀어를 가슴에 담아둔 채
묵묵히 앉아있다

몇 계절을 그 자리에 있었을까
지나가는 비와 바람을 다 앉히고
서서히 낡아가는 숲속 벤치

번지는 저녁노을을
또 받아 안는다

삐거덕거리는 네 다리로

병상에서

또, 또
신열이 시작되었다
반쪽이 된 몸뚱어리 신음소리 잦아진
가슴을 쥐어뜯는 통증
머리가 지끈지끈
반쯤 영혼이 빠져나가는 것 같다
진통제를 맞고 잠이 들면
꿈속에서 고향 친구들과 만나
무논에서 모내기하기도 하고
산에서 지게 눕혀 놓고
재미난 이야기로 깔깔거리며 즐겁다
뒤늦게 편안하고 즐거운 삶을 만났는데
바람에 지는 단풍잎처럼
내 영혼은 자꾸만 떠나려 한다

(사)한국현대시협 이사, (사)한국현대시인협회 현대시 제9회작품상(2016)
시집 『제 그림자의 그늘』(2010)로 작품활동 시작 7집,

전정자

가을과 나는

바람은
높은 창공으로 가자하고
햇빛은 열매를 붙잡고 놓아 줄줄 모른다

밤은 서늘하고
낮은 따가운 햇볕
여름 끝에 시절이 하 수상하다

산과 들의 열매들
하루가 다르게 익어가며
겨울양식 만드느라 바쁘다

계절은
어김없이 오고 가는데
튼실한 열매를 나는 만들었는가

돌고 도는 계절 속에
살아온 삶
희망은 허상이 되어 부끄럼만 남는다

장릉(단종)

산마루 언덕에 숨이 차오르는 길
남쪽 북쪽 바람맞이 되어 자리 잡고
짧은 생 한이 서려
두루두루 시원이 보시라 묻혔는가

영월 귀양 길 그 한을
무덤 속에 품고 계실까
한양 두고 온 님은 언제 다시 만날꼬
양보 없는 후세인들 영영 만나지 못하누나

사릉 왕후는
넓은 남향 터에 홀로 계시는데
박복한 장릉 왕은
험한 산 고개 겨우 누워

이름도 세월 가며 몇 번을 바뀌더니
이젠 영원히 가려나
보고 내려오는 마음
차마 서러워 나 뿐은 아니겠지

시인·수필가. 한국문협회원, 청계문학상 수상, 광나루문학·달섬·종로문협·민주문학회원, 시집 『밤을 끌고 가는 배』

전희종

나의 난초

지난해 생일 선물로 받은 나의 난초
나에게 시집오던 날
베란다에 반그늘 집을 마련해주고
보름에 한 번씩 물을 주며
소중히 보살핀 보람인가

탐스럽게 꽃대가 올라오더니
나비 같은 꽃을 터뜨리며
계절을 앞당겨 활짝 피어났구나

빼어난 목덜미에 에스(S)자 몸매
학이 춤을 추는 것 같고
고고한 자태는 가히 선비의 풍모로다

옛 선비들은
매梅, 란蘭, 국菊, 죽竹
사군자의 반열에 두고
시詩와 그림으로 그 기개를 칭송했지
지난 한 해 동안 나눈 사랑의 밀어들
내 삶의 반려가 된 그대, 나의 난초여.

초딩 동창회

강산이 변해도 다섯 번은 변했을
세월의 강을 건너 서울 용산역 3층 식당에
초딩동창 여나믄이 모였다.
머리가 훌렁 벗겨진 녀석
빨간 넥타이로 정장을 한 녀석
헐렁한 츄리닝 패션에 머리까지 허연 녀석
보험설계사 가시내
나처럼 선생노릇했다는 녀석
트럭운전한다는 머슴애
시골교회 목사
미국 이민 간 딸집에서
엊그제 돌아왔다는 가시내
세월 밟고 걸어온 길도 각 각
그 주름진 흔적들에 가슴 적시며
머슴애와 가시내들
까마득한 그 시절을 풀어놓고
타임머신에 실려 추억 여행을 즐긴다.

원광대 교육대학원 역사교육 전공.
이리여고 교장 및 원광대 교육학부 강의교수 역임.

정교현

개나리 타령

매사냥하던 응봉산에
개나리 축제가 열린 날

노오란 꽃으로 온 바위산 곱게 물들어
어깨동무 옛 친구들 함께 꽃구경 왔네

젊은 여인에게
아가씨 부탁해요 하니 눈웃음 쌩긋
셀카 찍는 새악시에게
꽃이 꽃을 찍네요 하니 입만 방긋

하산 길에 강 건너
서울 숲의 벚꽃이
함께 놀자 시샘하네

흘림골 연가

설악산 한계령 넘어
주전골을 에서
흘림골 계곡을 오른다

산봉우리마다 크고 작은 바위들은
무엇을 벼르고 내노라 기량을 뽐내는지

탐스럽기만 한 남근 바위 하나
선녀의 아랫도리를 닮은 여심폭포를 내려보다
사내들끼리 눈이 마주친다

태곳적부터 순수한 마음을 지켜온
여심폭포가 도대체 무엇을 흘렸기에
이토록 사내들의 애간장을 녹이는지…

전북 장수 출생, 시인·수필가, 한국소비자원 실장, 교수 역임, 신문예문학회 지도위원, 한국문인협회 회원

정근옥

어머님 나라로 부친 편지

늦가을 바람에 발 담그니
달이 휘영청 밝았다
바람은 다시 어린 시절
포강浦江에서 얼음을 지치다
손을 호호 불며 짚불을 지피던
그날 밤 달이 되어
하늘의 어머님 나라로 편지를 띄운다
기러기 한 마리가 답신을 물고
달빛 차갑게 비치는
이승의 편히 잠든 꽃에게 배달을 한다

생과 사死의 길, 그 어둠의 골목에선
늘 살얼음 타고 달리는 썰매길
꽃들도 바람타고 함께 달려간다

정동진 겨울바다

아무리 아름다운 풍경도
봐주는 사람이 있어야 빛난다
비내린 여름은 여름대로 병을 앓다가
사랑의발자국만 남긴 채 식어간,
도시의 그을린 소음들이 미치지 못하는
정동진 겨울 바다
진달래꽃 피듯 피어난 그리움
파도 위에 일렁이면
어머님은 무릎 베고 누운
자식을 토닥토닥 두드리며
자장가를 불러주신다
아무도 보지 않는 진달래꽃 그리움
무너지지 않는 하나의 탑이 된다
보일 듯 말 듯
아스라이 먼 곳에서부터 피어오르는
그 어린 날 지었던 미소를 담은
탑이 된다. 끝없이 설레이는
하얀 물결이 된다

시인・문학박사, 문학비평가, 한국현대시협 부이사장, 국제PEN한국본부 회원,
서울교원문학회장, 前상계고등학교장

정용원

압록강변의 그 아이

지금은 남의 나라에 빼앗긴 땅
고구려 서울 국내성에 갔어요

그곳 압록강에서 배를 타고 가며
우리나라 북녘땅만 바라보고 갔어요
가도 가도 벌거숭이산, 한 줄로 늘어선 빈집들
강아지도 보이지 않았어요

강변에 나온 까만 아이들, 우릴 보고 돌을 던졌어요
배타고 가는 우리들이 미웠던가 봐요

저녁놀에 강물도 부끄러운지 붉게 물들였어요
같은 단군할아버지의 후손인데…
모두들 목이 메어 아무 말 못하고
가슴이 아프고 눈시울만 뜨거웠어요

백두산 천지

5월 하순에 찾아간
백두산 천지는 꽁꽁 얼어 있었다

첨부터 우리 땅 우리 산이었는데
지금은 빼앗긴 반쪽 산봉우리
장군봉은 부끄러운지 구름 뒤에 몸을 숨겼다

천지가 운무에 가려 발 동동 굴렸는데
간절한 기도 끝에
빛나는 태양, 찬란하게 나타난 그 모습

울다가 웃다가 손뼉치며
얼싸안고 춤을 췄다

그러나 백두산 천지는 화가 나서 꾸짖었다
"어쩌다 내 몸뚱이가 둘로 나눠졌느냐?"

부글부글 용암이 끓어오르고 있었다.

한국동시문학회장, 거제문협 회장, 울산문협 감사, 국제PEN한국본부 부이사장, 주간한국문학신문 논설위원동. 시집 『산새의 꿈』 외.

정일상

동백꽃 필 무렵

멀리 남녘 외도
옹기종기 피어있는 동백꽃 무리

수평선 너머
달려오는 파도소리

청정한 바닷바람에 흔들리는
동백꽃은 붉은 울음을 토한다

봄이 오는 소리

동장군 칼날에도
빛의 말을 끌어낸다

진달래꽃은
메뿌리 바람 헤치며
필까 말까 망설인다

침묵하던 대지의 영혼들
마른잎 걷어차고 눈치본다

인생은 덩달아
더듬더듬 산허리를 넘어간다

시인·수필가. 함양신문 논설위원. 청계문학회 고문.
시집 『타다 남은 꿈』 수필집 『내가 사는 시간 계산법』 외 다수.

정재령

고등어 반찬

세상에 허름한 옷은 있어도
허름한 마음은 없길 바랐다

영광과 기쁨을 가득 채워도
남루한 옷에는 구멍 가득해

그래도 나는야 고개 세우고
당당히 걷기를 꼬박 하룻길

피곤에 찌들어 무릎 꺾여도
다시금 일어나 걷길 반나절

저녁밥 짓는가 단맛 고소해
연기가 코끝을 스쳐 지나도

저들이 내게도 한입 주려나
마음만 애달파 주려 죽누나

고된 길 앞다퉈 굴러 기어도
내 몸엔 상처뿐, 동정 없도다

그래도 내게는 작은 고등어
한 마리 반찬은 먹을 요지경

툭 털고 일어나 사래 쳐가며
손질한 고등어 먹고 걷노라

'정재령의 즐거운 오페라산책' 100회 기념 및 650여 회 이상 공연.
현)부천시립합창단 상임단원, 시집 『거룩한 비밀』

정지윤

벗이여

우리가 못 본지 오래 되었구려
코스모서처럼 가냘픈 몸으로
아픈데 없이 잘 지내는지

시집안간 막내딸 걱정에
무거운 돌짐 진 것 같다더니
이젠 짝 찾아갔으니
가쁜 하겠구려

한가한 시간 보내며
좋은 글 많이 쓰는지 궁금하네

가을바람에
서서 익은 나락이 여물어 누워쉴 때
우리 만나 오랜만에 커피향 맡으며
밀린 이야기꽃 맛나게 나눠보세

매생이

한 겨울 물밑에서
씽크로 나이즈로 다려진 너
곱게 머리 빗고
얌전히 앉아 있네

이손저손 옮겨가도
무지갯빛 애교쟁이
너의 변신은 무죄

맛 또한 일품에다
건강까지 챙겨주니
넌 금메달 신부감
냠냠냠 난 널 좋아해

아태문인협회 지도위원. 한국신문예문학회, 이목회, 나라사랑문인협회 회원. 서울로 미래로예술협회 회원

정창호

자유여신상

파리 세느강 우뚝 서있는 자유여신
뉴욕 리버티 섬에 우뚝선 자유여신
총탄에 죽어가고 공포에
시달리는 사람 구해주고 보호하며
애정으로 눈물 닦아주고
자유 평화 기원하며 지키고 있네.
세계 곳곳 바라보며
전쟁과 포악 독재 없도록
사랑물결로 사그리 씻어버리고
인류평화 위해 아름다운 자유정신
억압 받는 자 해방 희망 주네
자유여신 인간애 모성으로 자유롭게 살게
바람결로 사람마다
사랑 자비 자유 가슴 깊이 심어
세계평화 저해 무기사용자
지구상 영원히 자멸토록
감시 보호하고 평화 지키고
세계인 자유 행복 지상낙원 만들어 주었으면

융프라우 만년설

사람 오를 수 있는 지구상 가장 높은 곳
지상 3170미터 스위스 알프스 산
융프라우 산정이라네
오르고 올라도 하늘끝이 보이지 않고
쌓인 만년설 밑 얼음굴 전망대 가 봐도
그 위 보이는 것 하늘아래 구름뿐이네
사랑하고 보고 싶은 임은 흔적 없고
업겁의 인생 만남 찾을 길 없네
눈 밟고 서서 그리운 님 불러봅니다
높고 높은 하늘계신 어버이 어데 게시나요
보고 싶은 마음 산산히 바람결에 날리리라
아름다운 신비한 바위 만년설에 덮여
마음과 영혼 살아 숨쉬는 산장 낙원
햇빛 쨍쨍 만년설 빙하바다 시원되네
맑은 물 쫄쫄 흘러 생물 생명줄 이루고
신선한 공기 상쾌한 마음 하늘 날아
건강 행복 되어 만년설처럼 되리라
열대성 기후 우리 만년설 속에 산다면

전주대학교 법정학부 법률과 졸업, 연세대 행정대학원 외교안보 석사, 단국대 대학원 행정학과 박사과정 졸업, 양천문인회 고문, 강서경우회 고문.

정희정

소나무 추사체 그리고 동양화

눈앞은 가득한 소나무 숲인데
바라보는 것만으로도 그저 장관일 뿐
내리 뻗치고 뻗어 올라간 획을 긋고
이파리만 촘촘하게 허공에 내다 건다

기다란 귀뚜라미 울음소리를 사다리 삼아
저 밤하늘에 있는 초저녁별들의 빗살 사이로 비치는
경이로움 속으로 잠시 왔다. 살며시 나가는
허공에 돋을 새긴 저 필체 붓이 까마득한 벽에 닿았을 때
나이테 등 껍질 하나둘 문양을 만든다

한 줄의 획과 서체로 나를 사로잡는다.
수많은 글자 중 어느 기호도 내 것이 아닌
그 누구의 것도 아닌 아무도 흉내 낼 수 없는 예술혼
서예 혹은 동양화의 행렬.

신록 앞에 서다

그늘도 없는 한낮
천개 지층 지나 물의 길 건너서
나뭇잎 사이로 설핏 빛살들이 얼비친다
그늘진 곳으로 스며드는 가느다란 햇볕 줄기
허공에서 몸을 푼다

바람 불고 부스럭거리며 책장이 넘어간다
거친 숨 고를 쉼표도 없이
책장을 찢어 눈 안에 구겨 넣고 나무의 생을 읽다
빠르게 진행되는 바람의 독서를 막는다

한 줄기 햇살만이 등 기대고 대지에 걸터앉은
길도 하늘도 보이지 않는 나무의 그림자
아마존 골짜기에서 걸어 나왔다
정글을 품은 태양 푸르게 타오른다
초록이 짙은 향기를 뿜는다.

시인・수필가・작사가, 한국문인협회 회원, 아태문인협회 부이사장, 한국가곡작사가협회 이사

조대연

진실의 빛

들녘에 봄이 왔어도
봄빛을 잃은 날
겨울밤 지새운 소쩍새는
푸른 강 푸른 하늘을 날 수 없어
숨어 울기만 했으리라

흰 무명 치마저고리
그리도 순박하고 깨끗하여서
앞마당 뒤뜰 채송화 봉숭화도
맑아 꽃 피었으리라

파랑색 하늘 맑으면 파랑새 날고
노랑색 유채꽃 피면 꾀꼬리 날고
붉은색 노을빛 물들면 해오라기 나는데

푸른 강산의 빛은
언제나 그대로의 색이지만
마음의 색이 다른 우리는 날지 못한 채
어둠이 모든 빛 삼키어 아득 할 때
달빛 외로이 진실의 빛 비추었으리라.

꽃 피는 우리 가람

가슴에 진분홍 영산홍 꽃빛이
사랑의 빛으로 전해 올 때
가람에 피워낸 꽃송이
가슴에 그대로 담으리라
사랑의 꽃은 한번 피우기 힘들고
덧없이 가람은 흘러가기 쉽지만
그 가람에 꽃배를 띄워
평화의 님맞이에 오실 그날까지
그 물결에 그렇게 머물러 있으리라
한번의 님맞이 위해
산자락 가람 물결에 억겁을 드리웠고
진홍의 꽃 피움 위해
얼어붙는 센바람의 겨울도 이겨냈으리라
마음 이 꽃의 향기를 담고 님을 찾아
가람 따라 어디까지 흘러갈 것인가
차라리 노을빛 붉게 물들어
님 어디 계시든 함께 붉어 젖으리라.

고려대학교 공학대학원 졸업. 한국문인협회 위원. 서울문학문인회 회장. 한국현대시인협회 이사. 성도건설(주) 대표. 시집 『사라의 강』 외 다수.

임병진(영남)

고향생각

너무 어려서 고향을 떠나
생각이 나지 않는다

내가 태어난 고향은 사람이
살 수 없는 곳에 있다

소양강 상류 작은 마을
소양강댐으로 물에 잠긴 마을이다

잠기는 것을 알기라도 한 듯
춘성군 북산면 물로리

내 고향은 발 디딜 수 없는
물속 마을이다.

민주평화통일 자문회의 계양구협의회 부회장, 사)한국다선문인협회 감사, 법무부 보호위원. 신문고뉴스 수도권본부 국장. 명인씨앤씨(주) 대표이사.

조병욱

너였으면 좋겠다

아침에 일어나 빙그레
웃음 지으며
마주보고 윙크하는 사람이 너였으면 좋겠다.

한낮에 방안을 서성이며
이제나 저제나
전화를 기다리는 사람이 너였으면 좋겠다.

따스한 정을 느끼고 해맑은 얼굴에
소근 소근 재잘재잘
밀어를 나누는 사람이 너였으면 좋겠다.

무더운 여름밤도 동지섣달 긴긴 밤도
너를 기다리며 지새운
하얀 밤을 알아 줄 사람이 너였으면 좋겠다.

네 맘이 내 맘인가 불현듯 저 만치 나타나서
자박자박 저벅저벅
신바람에 다가오는 사람이 너였으면 좋겠다.

때로는 자상한 엄마 같고 너그러운 큰 누나처럼
이따금은 애교 넘치는
귀여운 누이 같은 사람이 너였으면 좋겠다.

한국공무원문학협회 이사. 시인들의 샘터문학 자문위원. 종합문예유성 고문. 한국가곡작사가협회. 시집 『고향의 그림자』 외

조성민

삼선암의 전설

시간의 선물이 앉아있는 이곳에서
고요한 마음으로 바라본다

하늘나라의 세 선녀가
비경이 빼어난 울릉도에 목욕하러 내려올 때
용맹한 장수가 호위무사로 동행했다

목욕이 끝나 돌아갈 시간에도
막내선녀가 장수와 사랑에 빠져
그만 시간을 놓쳐
노한 옥황상제가 세 선녀를 바위로 만들었다

홀로 떨어져 있는 막내선녀 바위엔
하늘의 노여움이 더욱 커
지금도 풀 한 포기 나지 않는단다

한번밖에 없는 삶의 길에서
자신의 이득을 위해
누군가의 짐이 되어 힘들게 하는 사람
살아 있어도 죽은 목숨과 같은 것…

기다림

옛날엔 돛단배를 띄우기 위해
사공들이 바다 끝자락 바위산인
울릉도 대풍감에 서서
바람 불기를 학수고대했다고 한다

지금은 해풍이 불 때마다
벼랑 위에 선 아녀자들의
기쁨과 슬픔의 변곡점이 된 곳

고기잡이 나간 서방님이 무탈하도록
간절한 기도를 하는 이 순간만큼은
남편에 대한 미움과 원망 없이
오로지 살아서 돌아와 주기만 바란다

증오가 용서로
절망이 희망으로
돌이킬 수 있는
새로운 길을 만들어내는
기다림과 그리움으로

시인 · 수필가 · 법학박사. 아태문인협회 이사장. 한양대학교로스쿨 명예교수, 효성산 대학교 부총장, 시집 『사랑의 이정표』

지성해

오선지에 옮긴 시

힘들여 지었지만 가는 획劃에 갇힌 시詩
얼마나 답답하면 미풍微風에 몸부림칠까
온몸에 음표音標 돋았으니 오선지五線紙에 옮겨라

가야금

열두 명주 줄로 오늘과 내일 잇고
팽팽하게 당기어 손가락으로 튕기면
그리움 가득한 소리 심금心琴 젓는 가야금

한국가곡작사가협회 감사, 상현문학회 회원. 아태문인협회 회원 한국신문예문학회 회원. 시집 『들꽃 만남』

지영자

그대에게

호수공원 잔물결을 보며
장미꽃 흐드러지게 핀 사연을
들어보자꾸나

모든 시름 호수에 던지고
꽃향기 전해오는 부활의 봄을
노래하자꾸나

고운 황혼을 바라보며
두 손 꼭 잡고 만추까지
위로의 잔을 높이 들자꾸나

당신이나 나나
이젠 실없이
눈물을 흘릴 때가 아니다

평안과 기쁨으로
감사의 노래 차고 넘치도록
두 손 놓지 말자꾸나.

가족

초인종 누르면 열어주고
매달리고 때 써도 받아주는
장구한 세월
벽에 걸린 가족사진 한 장

달뜨고 달은 져도
숨소리 배어 있는 한 이불
잠 못 이루는 때도 있지만
지친 몸 돌아와 쉴 수 있는 곳

슬픔도 고통도 기쁨도
눈가에 적셔지는 애틋한 정
가까이 살결 부딪는 순간
따뜻한 가족의 정 꿈결 같네.

음악교사 역임, 한국문협 회원, 한국현대시협 회원, 고려문학 대상. 허난설헌문학상 본상 외. 시집 『구절초 언덕』 외 5권.

지은경

참이슬 찍어 처음처럼 쓰며

참이슬 마시면
이슬처럼 살고 싶고

처음처럼을 마시면
초심으로 돌아가고 싶다

마시고 또 마시며
영혼을 씻고 있는데

취하고 또 취하여
새 세상 그리워하는 마음

참이슬을 찍어
처음처럼을 쓰며

이슬 같은 詩
쓰고 싶어라

통일이여 오라

지리산에 오르니
'촛불'이 생각나고
서울역에 도착하니
'태극기'가 보인다

어둠을 밝혀
나라를 생각하니
촛불은 빛이요
태극기는 국가구나

태극기와 촛불이
나라와 한 몸 되니
이제 통일만
남았구나

시인·문학평론가·문학박사. 현대시인협회 부이사장, 자유시인협회상·국회사무총장상 외 다수, 시집 『숲의 침묵 읽기』 등 저서 40여권.

차학순

겁劫

시간은 지나간 과거의 한 경점일 뿐이려니
山河는 물이 씻어낸 영겁의 흔적을 제 품 안에 끌어안고
가지런하게 움푹 페인 주름들 자락
그 건너에 맺혀진 한 늙은이의 눈물 속으로 삶은 녹아들고 있다.

이슬 맺힌 老松 잎 언저리에 깃든
이름 모를 풀벌레 시름겨운 울부짖음에
잠 못 이룬 老僧 새벽예불 그 너머로
먼지 낀 법당 황촛불은 일렁거리며
고뇌의 아침을 여는 중생들의 소리는 만상에 가득할 뿐이다.

진리를 찾는 무거운 발걸음들은 오직 되풀이되는 공허한 몸놀림만 만들어낼 뿐
깨닫는 것은 사치의 메아리요
成就 고하는 소리 역시 미친 자들의 헛소리일 뿐이며
새로운 무엇을 역사에 더 한다는 것은 씻을 수 없는 오만한 일
가졌다 하는 그 순간 아무 것도 가지지 못했음을 너는 알아야 하리라.

저녁에 깃들인 풀벌레 울음소리에 진리는 춤을 추고

야심한 정적을 깨는 부엉이 소리에 삶의 의미는 새순을 틔울 것이며
깊은 눈구덩이 피어나는 빙화 속 산수유 꽃 잎 속에 깨달음은 이루어지리니
영겁의 세월!
그 장구함 속에
홀로 너는 서 있어야 하리라.

총신대학, 신학대학원 졸업. 총신대학신학대학원 사목실장, 안양대교수, 성경공회 번역위원, 한민대학 교수 역임 현) 마두사성서학연구소 소장. [구약연구입문] 등 13권의 저서와 번역서

채선엽

물새 한 마리

바람도 구름도
풀들도 꽃들도
어우러져 하나 되는 길

다정한 연인
손에 손잡고
힘주어 약속하며 오르는 길

마음과 마음
서로 나누며
하나 되어 오르는 길

파란 하늘
돌담 위 물새 한 마리
높고 먼 꿈 눈빛에 품었네.

파도

내가 찾아올 것을
알기라도 한 듯

수평선 너머 친구들 불러 모아
보글보글 안개꽃 무더기 안고
나를 마중하네.

한숨과 눈물과 아픔의 상념
한발 두발 나의 발자국 도장
깨끗이 쓸어주며

잘 살으리라 행복하리라
언제라도 찾아오라
가슴 가득 힘을 주네.

시인. 상담학 석사. 청소년지도사. 한국시인연대 회원. 가곡 '수련화 그리움', '순천만 갈대밭' 작사, 시집 『연둣빛 보석』

채수황

촛불

평생토록 어두움을 불사른
너의 혼은
나의 기도로서 다시 소생한다

이웃을 밝히는 구도
머리 숙여 강물로 흐르다가

바람이 몰아쳐 외
무릎을 꿇는 날
너는 비로소 눈을 감으리라

살아온 흔적

이 세상에 태어나서 살아가는 동안에
만나고 헤어지며 울고 웃고 하다가

겹겹이 쌓인 추억
때로는 잊고 때로는 기억하며
살아온 지난 세월 반백이 넘었구나

지난날을 더듬어 올올이 헤어보니
아쉬움에 눈앞이 가려오고

남아있는 세월이 너무나도 소중하여
열심히 살고 싶은데 무엇 하나 이룬 게 없이
마음만 바쁘구나

충남 서산. 시인 · 수필가, 현) 건축사무소 운영.
『저항의 불꽃』 외 223권 외 수필집.

최동렬

꽃잎 하나가 울고 있다

잠에서 깨어난 꽃잎은
나풀거리며 강으로 떨어진다

짧은 삶의 자리는
너를 지킬 수 없어
휴식으로 돌아누운 것일까

춤을 추던 잎은 물위에 떠있다

신기루에 달콤한 키스는
바람이 품은 자리에
공기처럼 산산이 흩어져 있다

바닥에 홀로 기댄 속삭임
물빛에 구름 한 점이 멀리 보이고

비친 달콤한 거울의 유혹은
빨간 입술의 꽃잎에 무너진다

바람에 나부끼며 떨어지는
내 꽃잎 하나가 울고 있다

개국開國

스위치를 누르고 차가운 언 불을 켠다
사과나무를 심으면 해와 달은 날고
팔색조는 미려美麗하다

생명을 낚는 매개체媒介體, 녹색 신호등의 명령은
비나리의 구름에 하얀 불을 댕긴다

빨갛게 열린 사과를 도둑 서리로 뺏으면
빙하기를 거친 북풍에 태양의 흑점은 식겠지
나쁜 선택을 거부하고 따뜻한 식빵이 익으면

창조를 굳이 자를 필요가 없다
카시오페아는 아직도 동면의 잠을 잔다
비밀의 스위치를 누르고
닻별을 깨울 것이다

단군 신화의 이야기, 웅녀가 사는 동굴은
훔친 마늘이 보이지 않는다

충남대학교 교육대학원 석사, 한국문협 회원, 시산맥 특별회원,
서일여자고등학교 교사. 시집 『바람이 속삭이는 말』

최상고

동해

바다를 흉내 내어 닮고 싶었다
몸을 던져도 제자리로 돌아가는
바다의 파도가 그러하듯
나 또한 파도에 쓸려 허우적거렸다

온 종일 바다 흉내를 냈지만
파아란 바다의 언어는 해독하지 못했다
푸른 파도를 보면
난 한조각의 거품파도가 된다

같은 짓을 되풀이하는
동해의 파도가 되고 싶다
뭍으로 밀려난 난파선의 조각 하나가
발아래 보였다

동해의 깊이로 잠겨
바다의 고민을 해 보지만
그날 밤 집으로 돌아와서도
내 꿈에는 한 조각 파도만 찰랑거렸다

사랑의 자유

밤의 행로에서도
문 열면 들려올 것 같은
님의 목소리를
나는 아직 듣지 못했습니다
그러나 지나는 바람결에
어쩜 애수에 찬 님의
애절한 향기를 맞는 듯
감미로운 생각이 들었습니다.
지금도 손 내밀면
애틋이 잡힐 듯한 님이시여
요원한 생각은 문득문득
가슴으로 밀려듭니다.
그러나 기다려야 한다는 심언은
어두운 밤도
고뇌에 찬 밤도 깊지 아니하고
결코 두렵거나 비겁해 하진 않습니다.
사랑한다는 것은 사랑을 받는다는 것은
진실로 나의 전부요
자유인 까닭입니다.

처용문학회장. 국제펜·한국시협 회원. 현대시협 지도위원.
시집 『영원의 목소리』 외 수필집 『나를 살리신 님이시여』 외

최영희

일흔 즈음에

젓갈이 삭아가듯
김치가 맛들어가듯
내 영혼 몸도
서서히 익어가는가

이제 해안의 눈 떠져
젊어서 철없었던 행동
풋과일 채소처럼
맛도 멋도 모랐었던 그때
우습기만 하구나!

이제 김치도 삭이고
익는 맛이 자연스러워질 때
벌써 노인의 손맛은 싫어져

두려움 속에서 서서히
다가오는 노년을 맞이하며
마지막 남은 젊음을 위해
스트라우스 곡에 맞춰
우아한 왈츠 춤을 추고 싶네.

천리향꽃

하늘나라 가신
울 엄마의 모습인가
은은한 그 향기인가

소박하며 소담스런 몽우리
알듯 말듯 맑은 향기
천리를 간다하지

그 마음 담아 천리를
천리를 날아간다 했지.

천리향내에 취해 있으면
엄니께 날아갈 수 있을까?
저 하늘 끝까지…?

숙명여대 국문과졸. 숙명문인회. 대구경북가곡협회
정다운가곡포럼 소프라노 활약 중

최윤희

옹이

누더기 덮인 세월이 고개 떨군 지 오래
파리한 모습으로 병원 혈액 투석실 평상에
다시마처럼 힘없이 누워 있는 너를 보고
가슴은 천 갈래 만 갈래 찢어졌다.

언젠가 다정하게 언니 한번 오지 않을래

전화 속 메아리에 이끌려 고향에 찾아가면
우리가 좋아하는 묵 한 그릇 앞에 놓고

부엉이 울음소리 잠재울 때까지
정담을 나누던 너

낙엽 지는 어느 가을날 떨어지는 나뭇잎처럼
뭐가 그리 바쁜지 뒤도 돌아보지 않고 떠났다

이승이 너무 힘겨워 저승이 그리웠나
제 어린자식 매몰차게 남겨놓고 산으로 간 너

갈잎 떨어진 자리에
새순이 돋아나고 있는데

이제 상처 난 자리마다 채워지는 새살들
세월이 흘러가면 잊힐 줄 알았는데

너를 향한 그리움은 언제나

마음속에 옹이로 맺혀있다

한국가곡작사협회 이사, 한국신문예문학회 회원, 시의숲길을걷다 회원,
시집 『앉아서 사는 여자』 외 공저

최의숙

삶의 고뇌 부질없는

속세의 길목에서 세월을 돌아본다
때로는 타의로 때로는 자의로
인생의 수레바퀴에 끼어 굴러가고 있지만
어미의 젖가슴 같이 포근하고
편안한 품속을 갈망하는 고뇌가 있다
아무리 많이 지고가도
따스하게 녹여줄 수 있는 곳을 찾아 헤맨다
먹이를 찾아 날지 않으면 허기가 져서
바다로 떨어지고 마는 갈매기의 삶
발로 뛰고 머리로 싸워야 하는 인간의 삶
타인을 넘어뜨리지 않으면 살 수 없는 세상사
욕심 쥐고 살아가는 세상
번뇌 망상에 허둥대는 인간들아
모든 것이 다 공空으로 통하는 길목이니라
부질없는 집착執着이니라
마음 하나 내려놓으면 모두가 평안한 것을.

겨울나무

그대 웃음 속에 핀 눈물꽃이여
서리도록 환하게 피었구나
억겁의 세월 속에 마디마디 서린 설움
인고의 밤을 지새우고 피어난 함박웃음
무엇을 위하였던가
무엇을 바라고 섰던가
순결의 깃발을 올리고 펄럭이는 그대
끊이지 않는 번뇌를 남겨두고
세월은 가는데 상념의 이파리들
모두 털어버린 겨울나무
그 앙상한 가지로 매서운 바람을 안느다
마른 등걸 같은 손마디 열손 모아
하늘 향해 드리는 마지막 혼불
합장 너머로 붉은 햇살 떠오른다.

경기도국악협회 이사. 아태문인협회 부이사장. 한국신문예문학회 부회장.
시집 『대지의 어머니』 외 다수

하옥이

야생화

이름 없어도
사는 게 사소하지 않구나

시린 바람에
목을 내민 풀꽃아
한 곳에 붙박고 바람 다독이며
참 용케도 살아가는 구나

우리 사는 것도
꽃을 피우려 울고 웃는 것을…

바위는

너무 오래 산 탓에
그는 귀가 어둡고
눈도 희미해졌다

그러나
잊고 지내던 오래전
사랑만은 낱낱이 기억해서
속죄하는 마음으로 살고 있다

그가
입 무겁고 조용한 것은
아는 것이 많아서가 아니라
상처가 많아서야.

한국가곡작사가협회 회장. 청파초등학교, 사건25시신문사 역임. 《신문예》주간, 《책나라》대표. 가곡 KBS위촉 작품 「별이 내리는 강 언덕」외 가곡집과음반, 시집 다수

하정열

삶의 배려

우정이란 끊임없는 관심과 배려
사랑은 조금씩 아껴가면서
꺼내 놓고 싶은 삶의 보매

아픔으로 사는 사람들을 위해
하루는 그늘도 되었다가
때로는 쉼터도 되었다가
끼리끼리 시린 몸을 기대며
서로를 적셔주는 기쁨

사랑이 석류처럼 터지면
나는 그들의 눈높이로 작아지고
우리 사이 향 맑은 옥돌 은물결
한 계절 넉넉히 흐르느니
오! 그 빛남!

소망

나는
한 그루 나무 되어
반도아리 허리에
뿌리 내리고 싶소

나는 타고르의 등불 되어
웃음 잃은 삼천리를
밝히고 싶소

하나가 둘이 되고
둘이 우리가 되어
팔천만 숨결이
다시 하나가 되도록

나는
그 날 그 날을 위해
불사조 되고 싶소

시인·화가. 육군사관학교 졸업. 홍대미대 생활디자인. 홍대 미술대학원 현대미술 최고위과정수료. 예비역육군소장. 북한학박사, 한국안보통일연구원장. 시집 4권, 전문서적14권 저술

한범수

디아스포라

저 하늘에 뿌린 씨앗
바다 너머 날아갔네

잠시만 아주 잠시만이라며
고향산천 떠난 청춘
어둑한 갱도에 갇힐 줄 누가 알았으랴

정화수 달빛 받아 외로워도
무사 귀환을 비는 어머니의 마음
백의민족 설움이라

때가 되면 바다 건너
때가 되면 하늘 너머
고향산천과 더불어 춤추고 싶었건만

무심한 배 한 척 가고
또 한 척 가고 다시 한 척 간 후
저 홀로 출렁이는 바다
흐르는 눈물 옷깃 적시던 그때

그렇게 흐른 막막한 세월
바람에 휘날리는 씨앗 되어
척박한 땅에 뿌리내리니

자작나무 두 손 벌려 하늘로 오르네

그리움 눈물 되어 흐르는
망향의 땅 사할린 코르사코프 항구
어머니 당신이 보고 싶다고.

경기대 교수·관광문화대학장 역임, (사)한국관광학회장 역임, 총리실사행산업통합감독위원회 위원, 서울시관광발전협의회 위원장

허만길

미루나무 젊음

햇살 가득 미루나무 둥지는
가슴과 가슴 만나던 보금자리.
턱 괴고 엎드려 우리 젊음 넘실이면
힘찬 날갯짓 산새는 하늘 솟았지.
사랑도 괴로움도 찐한 설렘이었어.
오늘은 외로운 비, 너의 미소 거기 맴돌려나.

별빛 가득 미루나무 둥지는
인생과 인생 만나던 보금자리.
뜨거운 대화 다정한 우정 자꾸 쌓이면
허공 속 인생 그림 향기도 물씬했지.
사랑도 괴로움도 찐한 설렘이었어.
오늘은 외로운 비, 너의 미소 거기 맴돌려나.

나무마다 핀 사랑

아침에는 그대의
분꽃 같은 음성을 그리고

낮에는 그대의
백합꽃 같은 미소를 그리고

새들은 부지런히
기쁨을 실어 나릅니다.

오늘 하루 세상은
그대 모습으로 가득한
즐거움이었어요.

온갖 나무마다에는
그대의 사랑 활짝 피었어요.
나무 나무마다 핀 사랑
우리 사랑.

문학박사. 시인. 소설가. 복합문학 창시. 국제PEN한국본부 이사. 한국현대시인협회
이사. 한국소설가협회 중앙위원

홍성훈

먼지

하루만 닦지 않아도
매일매일 쌓이는 먼지
번거롭고 귀찮아도
날마다 쓸어야 하고 닦아내야 한다
보이지 않는 구석 일수록
쌓인 먼지는 닦기도 힘들다

보이지 않는 마음 속
먼지는 얼마나 많으랴
선한 마음이 들어올 공간이 없다
씻어내지 않으면
욕심이 쌓이고
미움이 단단하게 굳어간다

산다는 것은
마음의 먼지를
닦으며 가야 하는 길

걸레 같은 사람

처음부터 걸레로 태어나지 않는다
자기이름으로 사명을 마치고
헤지고 닳아 버려질 때
걸레라는 이름으로 봉사를 한다.

구석구석 고루고루
악취와 더러운 곳을
닦아주는 걸레는
우리 모두 에게 필요하다.

비단 같은 사람보다
걸레 같은 사람이
세상을 밝고 아름답게 사는 인생이다

국제PEN한국본부 자문위원(홍보위원장), 한국문협 구연문화위원장.

홍윤표

시계바늘

두 눈을 크게 뜨고
시계바늘을 눈여겨 보자
정오는 정오대로 자정은 자정대로
온 몸이 동아리되어
포옹하질 않는가

한 바퀴 두바퀴 세바퀴
또 태어나고
또 다시 돌아가는 시계바늘
자신을 회고回顧하는 나침반이다

오늘도 정오와 자정은
짧은 시침과 긴 분침은 쉼없는
만남에서 삶의 나눔에서
널 믿고 자신을 태우리라

만남은 행복에서 오는 신뢰감에
시계바늘은 양심을 먹고 사는
칼의 주인공이다

잡초 뽑는 여인

아침을 여니
오늘은 온갖 잡새울음이 귓벽을 씻는다
이름 모를 텃새인지 철새인지
몹시 궁금하다

친구들은 멀리 포항으로
축하의 뱃길을 떠나고 사정상
홀로 집보는 나는 터미널이 밉다
푸른 녹음은 최상의 채색을 뿜으며
여름를 그린다

바다멀리 바다 끝 큰섬
산비탈밭에서 잡초를 뽑던
울릉도 여인이 생각난다

또 산마늘 잎사귀는
먹을 만큼 자라는지
울릉도 갈매기는 잘 있는지

'90문학세계 신인상. 한국문협 자문위원. 한국시인협회원. 충남문학상 대상. 시세계 문학상. 정훈문학상, 시집 『겨울나기』

홍중기

나들이

봄은 오솔길로
아기 걸음마를 합니다

이른 햇살 내리면
슬그머니 일어나 앉은
할미꽃

실룩 눈 떠서
쳐다보는 봄기운
아지랑이 퍼 올려
꽃향기 띄우는가

피난길

그날은
마찻길로 걸었어요

네 살 난 발품 풀섶에 얹혀놓고
바람처럼 흔들리는 몸 끌며
덕소 강나루에 닿았지요

허둥지둥 달려온 사람들의
아우성을 싣고
흐르는 나룻배

졸며 걸으며 앉았다 가는 길은
어느덧 땅거미 속으로 기어들어
낯선 사람들과 마주치고

엄마는
동생 업고 산 같은 보따리
얹힌 머리로 땅 짚고
쏟아붓던 눈물

베트남 나트랑. 사이공 방송국 근무(종군기자), 국제펜문학한국본부 이사. 월간신문예 편집위원

황옥례

고운 여인

당진에는
마음씨 곱고
맵시 있고
솜씨도 좋은
단아한 여인이 산다

삼태기 같은 터에
그림 같은 집에서 산다
사람들을 불러 모아
향기롭게 살고 있다

이목회 회원들 초대해서
좋은 음식과
햇살 같은 음악을 틀어주며
자기가 더 좋아한다

아무 조건 없이
베풀고 복 지으며

경계 없이 사는
인류공존의 삶을 사는 여인이다

내월에서

조용한 거실에서 하늘을 보고 있으면
구름이 구름을 따라가 몸을 섞어
여러 형태로 변주하는 소리까지 들을 수 있어요

앞마당 가에 서 있는 키 큰 감나무
타닥타닥 붉게 타는 소리도 들을 수 있고
뜰아래 머위 쇠잔한 몸짓도 보이고
마당 한쪽 봉선화 씨방 터지는 소리도 들리지요

가을이 깊어지면 대숲에는
산 꿩들이 낑낑대는 소리가 낭자하고
논밭은 모든 것 다 내어주고
산천, 들, 빈 것들로 차오를 것이에요

서산에 선홍빛 노을 물들면
실바람에도 신우 간지럼 타는 소리
내월당으로 한 조각구름
몸 풀겠다고 기웃거리면
비로소 사위는 어둠이 고요히 내리겠지요.

시인·수필가·소설가·화가. 명지대학 문예창작과 졸업. 시집 『목어의 눈』 외

황유성

선과 악

빛이 있으면 어둠이 있듯
선과 악은 늘 세상에 공존하며
끝없이 갈등을 부추기고
내면에서 죽는 날까지 전쟁을 한다

선과 악을 구분하는 기준은 무엇인가
자국에선 전쟁 영웅이 타국에선 원수인 것처럼
주어진 환경과 여건에 따라
선과 악은 상대적 양면성을 갖는다

코페르니쿠스의 생각과 조화로
모든 만물에 선입견을 배제하고
노력을 통해서 악도 선한 방향으로 바꾸고
공멸보다는 공생공존의 길을 걸어가고 싶다

빛과 어둠이 공존하는 인생사에서
불확실한 불운은 버리고
악의 세계에서도 미를 추출하여
G선상의 아리아를 연주하며
내일의 희망을 부르리라.

세월의 바람

세월의 바람에 빛바랜 별 하나
멍하니 바라보니
내 마음 너와 같구나.

나 홀로 걸어온 지나간 세월
외롭다 말 못하고
오늘도 고독한 밤을 걸어 두었네.

아직도 내 가슴에
아련히 남아있는 이름이여
허공에 새겨진 그 이름
다시 만날 수 있을까

무정한 세월의 바람이여
야속한 세월의 바람이여, 바람이여!

한국가곡작사가협회 기획담당이사. (사)창작문학예술인협의회 회원. 유성 대표

2019
마음에 평안을 주는 시

엮은이 / 지은경
펴낸이 / 하옥이
펴낸곳 / 도서출판 책나라

초판 1쇄 발행 / 2019년 12월 12일

㈜ 122-020 서울시 은평구 통일로 63길7, 1층
(02)389-0146~7, (02)389-0147
E-mail / sinmunye@hanmail.net
http://cafe.daum.net/sinmunye
등록번호 / 제110-91-10104호(2004.1.14)

ⓒ 지은경 외, 2019
ISBN 979-11-86691-74-8 03810

* 이 책 내용의 전부 또는 일부를 재사용하려면
  저작권자와 도서출판 책나라 양측과 협의하여야 합니다.
* 저자와의 협의에 의하여 인지를 생략합니다.
* 파본은 구매 서점에서 교환하여 드립니다.

값 18,000원